Comunicar
con el silencio

Comunicar con el silencio

¿Paradoja o realidad?

Modeste Munimi Osung

Editorial Verbo Divino
Avenida de Pamplona, 41
31200 Estella (Navarra), España
Teléfono: +34 948 55 65 11
www.verbodivino.es
evd@verbodivino.es

Diseño de cubierta: Francesc Sala
Fotocomposición: Equipo diseño EVD

Impreso en España - Printed in Spain
Impresión: Liber Digital, Casarrubuelos (Madrid).
Depósito legal: NA 2008-2024
ISBN: 978-84-1063-089-5
ISBN Ebook: 978-84-1063-090-1

Índice

PRÓLOGO 15

INTRODUCCIÓN:
COMUNICAR CON EL SILENCIO.
¿PARADOJA O REALIDAD? 23

I. EL SILENCIO COMUNICATIVO 31

La paradoja del silencio en la comunicación 31

La semántica del silencio 32

La relación entre el silencio y la palabra 34

El silencio en la comunicación no verbal 37
    Tipos de silencio 38
    Expresiones faciales 54
    El contacto visual: la mirada 55
    El lenguaje o las expresiones corporales 57
    Los gestos 58
    El tacto 61

Las posturas 62
    Signos 63
    Los rituales 64

El miedo al silencio en la comunicación 67

A la escucha del silencio 71

Los enemigos del silencio comunicativo 73

II. EL SILENCIO COMUNICATIVO
EN LAS GRANDES RELIGIONES............................. 77

El judaísmo 79

El cristianismo.. 81

El islam 88

El hinduismo 90

El budismo.. 92

III. LAS VIRTUDES DEL SILENCIO COMUNICATIVO... 95

La elegancia del silencio «comunicativo»......... 95

Los silencios elocuentes de Jesús
en los evangelios... 96

    El silencio hablante de Jesús............................ 97

    El silencio empático de Jesús ante el dolor.......... 99

    El silencio de Jesús frente a los prejuicios.......... 99

    El silencio de Jesús frente a la injusticia............ 101

    El silencio de Jesús ante una curiosidad falsa..... 102

    El silencio meditativo de María........................ 102

    El silencio de José de Nazaret........................... 104

    *El silencio elocuente de Job ante el silencio
de Dios*.. 105

El silencio en la vida interior 107

El silencio del peregrino 116

Silencio para escuchar mejor............................. 118

Conversar desde el silencio 124

El silencio en situaciones del conflicto.............. 127

El uso del silencio en la reflexión
y la observación.. 129

Silencio respetuoso 132

Silencio comunicativo en el proceso
formativo de los jóvenes 135

El silencio en la comunicación intercultural.... 136

El silencio elocuente de los oradores 144

El silencio como herramienta de persuasión 149

El silencio virtuoso de un líder 151

Silencio en una comunicación de crisis 153

El silencio en la era digital 157

IV. EXPERIENCIAS SOBRE EL USO
DEL SILENCIO COMUNICATIVO 159

Juan Caño Díaz 160

Lucile Mateu 166

Juan de la Cruz Jr. Moreno 174

José Luis Corral 178

Budi Kleden 183

Carmen Labayen López 185

Hugo Tewes 188

Anthony Amissah Borkey, «Tony» 192

Nicole Ndongala 194

Alex Brague 200

Arlene Cariaga Bueno 202

Innocent Givule Gaphita 206

Pedro Alfaro 209

CONCLUSIÓN 217

BIBLIOGRAFÍA 223

SILENCIAMIENTO

La pausa entre dos notas,
el espacio en blanco entre dos palabras,
la página virgen entre dos capítulos,
la noche tras la actividad del día,
los árboles despojados en invierno
tras la lluvia de flores en primavera,
la abundancia de frutos en verano
y la caída de las hojas en otoño
que dejan en el suelo una alfombra
de colores calmos...

todo ello habla del silencio necesario,
de la quietud indispensable inscrita en el ritmo
de las cosas...

El silencio es el vacío que posibilita lo pleno.
Todo lo lleno anhela el vacío
para no quedar saturado de sí mismo.
El silencio de los sentidos, los deseos, de la mente.
El silencio que nos devuelve el estado prístino de ser,
de simplemente ser en el Ser.

Quietos, callados y acallados,
solo siendo y sintiendo la respiración
llenando
y
vaciando
nuestro
anhelo.

Abriéndonos mansamente,
nos dispone a recibirnos en la inmensidad anegada
de Presencia.

Presentes en la Presencia,
nuestra conciencia le da eco.

Con el silencio llega la experiencia y la certeza de que
todo está habitado.

Silencio,
sonido de Alteridad
tornada mismidad.

Silencio de Presencia
sin contenidos
porque todo lo contiene.

Silencio
exento de deseos
porque todo ha sido dado
y no es posible desear ni recibir más.

No hay nada que esperar porque hemos regresado
y todo ha regresado.

Silencio que habita en la calidez del Ser.
Quién se sumerge en él es hospedado en su abrazo.
Permanecer,
Así,
quietos
y
acallados,

simplemente
siendo
en El-que-Es.

Las heridas más antiguas
causadas por lo que faltó cuando era necesario
dejando brechas de ansiedad
se sanan en este sumergirse.

La presencia calma el clamor de la Ausencia.
Estaba ahí pero no había capacidad para captarla.

El ahora que aguardaba
se abre
como un fruto maduro.

Quietos,
grávidos
de
Ser,

Reposamos
brotando
del ser
al Ser.

P. Javier MELLONI Sj.

Prólogo

Dalibor Frioux califica el siglo xx, entre otras cosas, como el siglo del ruido y el presente siglo, es decir, el xxi, como el del estruendo. Eso no sorprende a nadie. Nos sentimos abrumados por el «ruido físico, ruido mental y ruido del deseo»[1]. Según este autor: «tenemos el récord histórico de todos ellos». Dormimos con el ruido y nos levantamos con él. En las grandes urbes, sobre todo, vivimos entre el ruido de coches, motos, trenes y personas. En las megaciudades de África, como Kinshasa, Lagos, Nairobi, etc., es el ruido de las iglesias evangélicas. Da la impresión de que Dios se ha vuelto sordo. Así que tienen que gritar para que Dios los escuche. En Ucrania, en Gaza, en la parte este del Congo, etc., es el sonido de fuego de ametralladoras. Como afirma David Le Breton: «nuestra época es el advenimiento del

---

[1] D. Frioux, «L'assaut contre le silence», *Études* 7 (2017, julio-agosto) 49-50.

ruido»[2]. En realidad vivimos en una contaminación acústica sin precedentes.

Por otro lado y, por si fuera poco, las nuevas tecnologías que supuestamente iban a resolver nuestros problemas de interconexión y comunicación nos están trayendo un problema de hiperconexión. Es otro ruido añadido. Esta vez, es ruido mental e interno. Uno de los grandes perdedores de este progreso tecnológico es el silencio, que se evita a toda costa. Hay que llenar los espacios silenciosos con algo como TikTok, WhatsApp, Facebook, etc. Los psicólogos lo llaman «el síndrome de la vida ocupada». Diversos estudios revelan que, con el auge de las nuevas tecnologías, el nivel de atención en las personas, sobre todo en los adolescentes, ha bajado notablemente. Igualmente, el nivel de ruido, tanto ambiental como interior, no hace más que aumentar. Cada vez hay menos tiempo y espacio para el silencio. El papa Francisco, en su mensaje para la 58.ª Jornada Mundial de las Comunicaciones Sociales publicado en enero en la fiesta de san Francisco de Sales, patrono de periodistas, lo califica como «pobreza en humanidad»[3].

---

[2] D. Le Breton, *Sul silenzio. Fuggire dal rumore del mondo* (Milano: Raffaello Cortina Editore, 2018), 11.

[3] Papa Francisco, «Inteligencia artificial y sabiduría del corazón: para una comunicación plenamente humana», Mensaje para la 58.ª Jornada Mundial de las Comunicaciones Sociales, 24 de enero de 2024.

El silencio liberador, ¿quién lo hallará? Me viene a la mente la historia de mi amigo Édouard. No aguanta más el ruido de los niños en casa, el monólogo de algunos compañeros de trabajo, el ruido infernal del barrio popular de la ciudad donde vive, el ruido de los mensajes que le llegan a través de los diferentes grupos de WhatsApp en los que está. Todo esto lo lleva a un estado de nerviosismo tanto en el trabajo como en el hogar. Busca ayuda en sus amigos, pero ellos también están en la misma situación. Édouard no encuentra salida y no cree que esto tenga solución.

Édouard tiene 50 años. Es padre de dos niños y una niña. Es director de una pequeña empresa que cuenta con una veintena de trabajadores. Todos los días sale de su casa temprano porque tiene que pasar por la escuela para dejar a los niños antes de ir a trabajar. Para no perder mucho tiempo, Édouard prefiere llevar su coche particular. Así aprovecha para escuchar la misa del día en la radio mientras conduce rumbo a la oficina, después de dejar a los niños en el colegio.

Entre los atascos, por un lado, y la indisciplina de algunos conductores, que no respetan el código de circulación, y el acoso policial, por otro, mi amigo Édouard llega últimamente tarde al trabajo y siempre estresado. Finalmente, decide ir al trabajo en transporte público, pero la situación es aún peor. Édouard vuelve a coger el coche, pero las cosas siguen igual o peor.

Después del trabajo, Édouard pasa siempre por nuestra capilla. Saluda a los que encuentra en la casa sin decir nada más y se dirige a la capilla, donde se queda media hora. Sale, se despide y se marcha a su casa. Y así todos los días laborales.

Nuestro amigo sale de la capilla siempre cabizbajo y con cara de preocupación. Tengo curiosidad por conocerlo. Un día, decido acercarme para saber más de él. Édouard parece una persona tímida. Al principio, se detiene a dar respuestas cortas a mis preguntas. Aparentemente, no tiene ganas de hablar mucho, pero presta atención a todo lo que digo. Según pasa el tiempo, va mostrando más interés en la conversación. Finalmente, es él quien toma la iniciativa y quiere saber de mí y del lugar adonde viene a recogerse todos los días después del trabajo para encontrar un tiempo de silencio. Luego se suelta y se le ve con ganas de hablar y compartir lo que lleva dentro. Después de charlar durante cinco minutos sin parar, sonríe y me dice: «Agradezco su atención a las tonterías que le estoy contando sin interrumpirme».

Édouard me cuenta la historia de su vida familiar y laboral, y las frustraciones que acumula últimamente buscando un espacio de silencio. «Vivo de manera permanente en ruido, en mi casa, en las calles, en el trabajo... No hay manera de escuchar y de comunicar». En su casa Édouard procura que haya de vez en cuando un ambiente de silencio, sobre todo durante la noche. Pero no lo consigue siempre y explica:

> Al mínimo momento de silencio, siempre hay alguien en casa que quiere llenarlo con música, un programa de televisión o entablar una conversación con alguien directamente o por teléfono Si el ruido no viene directamente de mi casa, viene del vecino de al lado. A veces el ruido es tan infernal que debo prestar mucha atención para escuchar lo que me dicen mis hijos o mi mujer.

El único lugar donde Édouard tiene la posibilidad de comunicarse consigo mismo es el silencio de nuestra capilla y agrega:

> Es aquí donde escucho la voz de Dios que me habla en el silencio. Por desgracia, en los últimos días el ruido de las iglesias evangélicas de los alrededores me impide disfrutar del tiempo de silencio que necesito.

«¡Es horrible!», exclama. Entonces, entendí por qué nuestro amigo Édouard salía cabizbajo de la capilla ese día.

El mundo está cambiando y muy rápidamente. Todos esas transformaciones influyen positiva y negativamente en nuestras vidas. A pesar de los muchos beneficios que podemos obtener de las nuevas tecnologías, da miedo ver cómo los malos hábitos se transmiten y se copian rápidamente. Como se dice en francés: *«Les mauvaises habitudes ont la vie dure»* (los malos hábitos son difíciles de erradicar). Desafortunadamente, los valores están dejando paso a los antivalores. Uno de los valores que vamos perdiendo es el Silencio. Me refiero al Silencio con «S» mayúscula, como una virtud comunicativa.

En un mundo de palabrería excesiva en el que vivimos, a veces nos falta tiempo para digerirla. Dormimos con el ruido y nos levantamos con el ruido. Pasamos veinte cuatro horas en el ruido. Estamos sumergidos en una cultura del ruido que dificulta la escucha, la conversación o el diálogo entre las personas.

Este libro se centra en algo tan básico para nuestra vida diaria como es el silencio. Aunque veces no seamos conscientes de ello, el silencio es imprescindible para todos, es «un modo de sentido, un sentimiento que se apodera del individuo»[4].

Al igual que el habla, el silencio actúa como agente estructurador del orden social y como herramienta de comunicación. Nos interesa el fenómeno comunicativo del silencio y mostramos cómo se utiliza a veces al servicio de la comunicación efectiva, tanto como lenguaje o como estrategia comunicativa. Es decir, el silencio que permite escucharse a uno mismo, escuchar mejor a los demás y escuchar la voz de Dios que nos habla en el silen-

---

[4] D. Le Breton, «Anthropologie du silence», *Théologiques* 7(2) (1999) 11-28. https://doi.org/10.7202/005014ar

cio. Es el silencio que permite discernir y pensar lo que decimos y que completa nuestras palabras. Es el silencio que acompaña nuestros gestos, tactos, expresiones corporales y faciales, etc.

Estas páginas te harán pensar en el silencio, entenderlo mejor y utilizarlo en tu comunicación, tanto en la vida cotidiana como en el trabajo y en tus relaciones. Además te brindan una oportunidad para tomar consciencia de la virtud del silencio comunicativo. Al mismo tiempo, te ayudarán a adquirir ciertas habilidades comunicativas para manejar mejor este silencio comunicativo como una herramienta poderosa en la comunicación, ya sea interpersonal, profesional o con los medios. La obra culmina con las experiencias de otras personas que han hecho uso de este ingrediente de comunicación tanto en su vida familiar como en la laboral. Podrás identificarte también con esas experiencias o aprender de ellas.

Por último, el libro se dirige a todas aquellas personas que quieren mejorar su comunicación interpersonal y profesional. Para comunicar, necesitamos palabras y sonidos (comunicación verbal), pero también gestos, tactos, miradas, silencio, etc. (comunicación no verbal). Los dos tipos de comunicación, verbal y no verbal, ocupan nuestra comunicación diaria y debemos cuidarlos si queremos ser efectivos al comunicarnos. Los dos son complementarias. La comunicación no verbal no solo apoya a la verbal, sino que ambas se compenetran y se necesitan.

En esta relación entre verbal y no verbal, es fundamental la relación entre el silencio como elemento de la comunicación no verbal y la palabra en el ámbito verbal.

Cuando palabra y silencio se excluyen mutuamente, la comunicación se deteriora, ya sea porque provoca un cierto aturdimiento o porque, por el contrario, crea un clima de frialdad; sin embargo, cuando se integran recíprocamente, la comunicación adquiere valor y significado[5].

El silencio no es lo opuesto a la palabra.

Son momentos de la comunicación que deben equilibrarse, alternarse e integrarse para obtener un auténtico diálogo y una profunda cercanía entre las personas[6].

Así pues, para comunicar, el ser humano necesita tanto de la palabra como del silencio.

EL AUTOR

---

[5] Mensaje del santo padre Benedicto XVI para la XLVI Jornada Mundial de las comunicaciones sociales: «Silencio y Palabra: camino de evangelización», 2012.

[6] Ibíd.

Introducción

Comunicar con el silencio. ¿Paradoja o realidad?

El político, historiador y orador romano Cornelio Tácito (c. 55-c. 120), en su obra *Diálogo sobre los oradores*, distingue dos tipos de oradores republicanos. Por un lado, están los que brillan por su elocuencia y sus palabras y que, por lo tanto, reciben la gloria y el respeto de todos; por otro, los que permanecen callados, son incapaces de hablar y merecen la humillación y la vergüenza[1]. Entonces, los que podían acceder a puestos políticos en la República eran solo aquellos que sobresalían en elocuencia y oratoria, aunque fueran unos sinvergüenzas, como ocurre hoy en muchos países. Sin embargo, los silenciosos eran relegados de los cargos públicos. Es un enfoque puramente político del silencio que llena de significado negativo al silencio en el ámbito público.

---

[1] Tácito, *Dialogus de oratoribus*, 36.

Dos mil años después de Tácito, la comprensión del silencio parece no haber cambiado mucho. La palabrería excesiva y el ruido son un mal de la sociedad moderna. Vivimos en una sociedad *hipercomunicada* y cada vez resulta más difícil entendernos. Da la impresión de que los que saben y los que tienen razón son los habladores, aunque en realidad no digan absolutamente nada. Tienen fácil acceso a los medios de masas y están presentes en los más importantes, tanto locales como internacionales. En sus alocuciones e intervenciones, saben cómo jugar con las emociones de la gente, aunque lo que dicen esté vacío de contenido. Por otra parte, los que permanecen en silencio, no saben nada. Por lo tanto, no tienen razón. Su silencio es un fracaso, un signo de debilidad y de ignorancia.

Frente a lo que podríamos calificar como calamidad de nuestra época, es decir, «la *hipermediatización*, la conexión permanente, el flujo incesante de palabras que lleva al hombre a temer el silencio»[2], este libro evoca la virtud del silencio que fue un valor espiritual para Occidente, una fascinación para Oriente (y recinto de lo sagrado en las tres grandes religiones orientales), además de ser un valor cultural para África. De hecho, ciertos di-

---

[2] A. Corbin, *Histoire du silence. De la Renaissance à nos jours* (Paris: Albin Michel, 2016).

chos, que están presentes en todas las culturas, son muestra de la importancia y el valor del silencio en todas partes. Por ejemplo: «en boca cerrada no entran moscas», «el silencio es un amigo que jamás traiciona», «el silencio es la primera piedra del templo de la filosofía», «el silencio es oro», «en la cólera, nada es más apropiado que el silencio», etc.

¿Y si el silencio salvará la comunicación humana? Cuántas veces nos hemos arrepentido de haber hablado demasiado rápido y luego nos damos cuenta de que hubiéramos preferido quedarnos callados. «Las palabras dichas ya no se pueden recoger y sus consecuencias duran mucho tiempo, a veces de por vida», se dice. Me vienen a la memoria un comentario que un político francés lanzó a un colega que hablaba demasiado sin aportar ninguna solución concreta a los problemas de la población: «¡Señor X, ha perdido otra oportunidad de mantener la boca cerrada!». Este tipo de situaciones se dan muy a menudo cuando uno quiere hacerse valer y forjarse un nombre. Ese tipo de personas intervienen en todas las conversaciones, siempre tienen algo que decir de cada tema de discusión. Sin embargo, a veces se olvidan de que las propias palabras pueden traicionarles, sobre todo cuando las dicen sin pensar demasiado. Las personas sabias lo entienden y trabajan en silencio por lo que es bueno, bello y verdadero. Como se dice en mi cultura: «Es bueno dar mil vueltas a la lengua antes de hablar», es decir, callarse y pensar antes de abrir la boca.

Desde el principio, el silencio forma parte del lenguaje humano. Por tanto, es una herramienta fundamental en el proceso de la comunicación humana. El ser humano transmite sus impresiones, sentimientos y emociones con las palabras, pero también con el silencio, que forma parte de la comunicación no verbal. Incluso hay situaciones en las que el silencio expresa más que las palabras. No obstante, como hemos dicho, el silencio humano, entendido como un cese del habla, una ausencia de sonidos articulados, no anula la palabra, ni la aniquila, sino que la completa. Podríamos decir, entonces, que el silencio humano nutre la palabra porque es anterior y posterior a ella. Es decir, la palabra arranca desde silencio y culmina en el silencio. Es un proceso continuo. Para los comunicólogos, el silencio es una estrategia comunicacional imprescindible en todo proceso comunicativo.

Lejos de pensar que la comunicación es la «antítesis» del silencio, más aún en una sociedad en la que la comunicación funciona sobre «la base del pleno», el «todo-mensaje», para emplear las expresiones de Philippe Breton y David Le Breton[3], el silencio es una herramienta al servicio de una co-

---

[3] P. Breton – D. Le Breton, *Le silence et la parole contre les excès de la communication* (Toulouse – Strasbourg: Érès éditions – Arcanes, 2017).

municación eficaz. Así pues, este libro aborda también esta perspectiva comunicacional del silencio, mostrando su uso práctico en procesos comunicativos, como el discurso, la alocución, la persuasión, la oración, el diálogo o la conversación.

Ahora bien, somos conscientes de que el silencio es una noción compleja y polisémica. David Le Breton cree que, en sentido literal, «el silencio no existe ni en el hombre ni en la naturaleza»[4]. Le Breton aclara:

Cada entorno resuena con manifestaciones sonoras particulares, aunque sean espaciadas, tenues, amortiguadas, lejanas, en el límite de lo audible. Las extensiones desérticas o las altas montañas nunca son completamente silenciosas, y menos aún los bosques o el campo... Incluso en la quietud del atardecer, quien escucha con atención y se deja arrullar por el entorno puede oír crecer la hierba o los movimientos fugaces e incesantes de las hormigas[5].

Por otro lado, el historiador Alain Corbin afirma que el silencio es «múltiple». Es decir, a pesar de que se reconoce su valor para la vida social y como herramienta para una comunicación eficaz, o sus virtudes frente al exceso de palabras, a veces

---

[4] Le Breton, «Anthropologie du silence».
[5] Ibíd.

sin sentido, el silencio puede tener también un significado negativo, dependiendo de quién lo usa o lo vive y con qué propósito. Coincidimos con Miguel Unamuno en que «a veces, el silencio es la peor mentira». De hecho, cuando el silencio se impone a una persona y se vuelve una actitud miedosa o de resignación, o se usa en tono burlón o irónico con una intención maliciosa, o cuando es despectivo, etc., el valor del silencio se reduce a un engaño y es perjudicial.

Estaremos de acuerdo en que, si es importante saber hablar, aún lo es más saber callar. Las grandes religiones mundiales así lo establecen. Algunos personajes bíblicos, como Job en el Antiguo Testamento, María y José en el Nuevo Testamento, o el propio Jesús, comunicador por excelencia, lo atestiguan. Igual que se aprende a hablar, ya desde la niñez, se aprende también a usar el silencio para comunicarse.

La segunda parte del libro recoge los testimonios de varias personas sobre el uso del silencio en sus vidas, en sus profesiones y en sus responsabilidades. Todas esas experiencias, como las de cada uno de nosotros, invitan a reflexionar sobre el buen uso del silencio como herramienta fundamental en el proceso de la comunicación oral, haciendo posible una comunicación interior genuina con uno mismo y con Dios, una mejor comprensión de las cosas y un diálogo más eficaz entre las personas.

Para que quede claro, no hablamos del silencio como mera ausencia de la palabra o del ruido. No. Es más que eso. No es lo mismo callar que cerrar la boca y luego no decir nada. En esta páginas hablamos del silencio como elemento de comunicación no verbal, que es también comunicación.

I
El silencio comunicativo

La paradoja del silencio en la comunicación

El «silencio comunicativo» es la expresión central de esta obra y aparece repetidamente a lo largo del libro. Es una expresión formada por dos palabras: *silencio* y *comunicación*. Siempre que he tenido que hablar de la importancia del silencio en la comunicación, la pregunta habitual que me hacen es: «entonces, ¿debemos comunicar o callar?». Comprendo enseguida la dificultad que hay para asimilar el valor comunicativo del silencio. Somos conscientes de que se trata de una realidad que puede parecer difícil de entender, sobre todo porque la interpretación que puede hacerse del silencio es relativa. «Y si hay ambigüedad en lo que se comunica, entonces no podemos hablar de comunicación», me decía un amigo con quien hablábamos de este tema. Le dije que lo que a él le parecía ambigüedad era para mí la dificultad.

Justamente, la paradoja del silencio como lenguaje o elemento de comunicación no reside en el silencio en sí, sino más bien en el uso que se hace del mismo y en cómo se interpreta. Hay muchos ejemplos. Uno de los que suelo compartir para mostrar la dificultad de la interpretación del silencio es el caso de un amigo que era el más inteligente de mi curso de filosofía. El jurado le suspendió en el examen final porque no había respondido de inmediato a la pregunta que le hicieron. El jurado quizá interpretó su silencio como falta de conocimientos sobre la materia, lo que, desde luego, no era el caso.

En la música, el silencio es una pausa necesaria y los más grandes compositores han dominado el arte del silencio (pausa) tanto como el arte del sonido. En las interacciones y las conversaciones, en el diálogo, en los discursos o en las alocuciones, es decir, en la comunicación de manera general, el silencio es un lenguaje y forma parte de la misma. Y, cuando se utiliza bien, comunica incluso más que las palabras.

La semántica del silencio

El silencio es una presencia situada dentro del proceso de la comunicación no verbal. En el silencio comunicamos, aunque sin decir nada audible. Pero, cuidado, no se trata de un silencio vacío o fortuito, sin contenido. Como expresa Jean-Didier

Magnangani, «el vacío no siempre es silencioso, porque nuestros silencios, a veces, son una expresión del vacío que llevamos dentro»[1]. Como hemos dicho antes, no se trata de ese silencio del que hablamos aquí, sino más bien del silencio que comunica algo, ya sea de manera consciente o inconsciente. Estamos de acuerdo con Muriel Saville-Troike y Deborah Tannen en que:

> el silencio utilizado para estructurar la comunicación debe distinguirse del silencio comunicativo y que los silencios que transmiten significado, pero no contenido proposicional, deben distinguirse de los que conllevan fuerza ilocutiva[2].

El silencio como elemento de la comunicación, mejor dicho, el silencio comunicativo es el silencio que:

> adquiere la condición de signo lingüístico en tanto en cuanto se convierte en un elemento expresivo más con significado propio y, por tanto, también, es un significante[3].

---

[1] J.-D. Magnangani, *Le silence du vide ou le vide du silence* (Paris: Le Lys Bleu, 2021).

[2] M. Saville-Troike – D. Tannen (eds.), *Perspectives on Silence* (Westport: Praeger, 1985), xiii.

[3] «El silencio en la comunicación», en el blog: *Por los codos*. https://www.porloscodos.com/el-silencio-en-la-comunicacion/

En la lingüística, se habla de un elemento de comunicación paralingüístico, paraverbal o paralenguaje. A. M. Cestero (1999), lo define como un conjunto de «signos y sistemas de signos no lingüísticos que comunican o se utilizan para comunicar»[4].

Entonces, si entendemos el silencio como una forma de decir, sin decir, el silencio no es solo ausencia de la palabra, «sino un elemento de comunicación en sí mismo, cuyo valor puede llegar a equipararse al de la palabra»[5]. Sin embargo, entender lo expresado sin uso de palabras, es decir, en el silencio, no es algo fácil. Hace falta tiempo y paciencia. La efectividad de la comunicación en nuestras interacciones depende del esfuerzo que hacemos para entendernos, incluso para entender el silencio. Recordemos que el silencio es mucho más que callar. Es la fuerza que da al mensaje todo su sentido.

La relación entre el silencio y la palabra

De manera general, cuando hablamos de comunicación, lo primero que nos viene a la mente es el uso de la palabra, oral o escrita. La palabra es pri-

---

[4] A. M. Cesteros, *Comunicación no verbal y enseñanza de lenguas extranjeras* (Madrid: Arco Libros – La Muralla, 1999).

[5] E. de Mora – C. Muñoz Carrera, «La comunicación silenciosa», *Capital humano: revista para la integración y desarrollo de los recursos humanos* Año 18/184 (2005) 60-63.

mero; la comunicación, segundo. Una es el fin, la otra el medio. Así pues, para comunicar hace falta la palabra. Se trata de la comunicación verbal, es decir, comunicación escrita u oral.

Sin embargo, la comunicación va más allá de la palabra. Existen otras formas de comunicar. Se comunica también con el silencio. Es decir, sin hacer uso de la palabra o del sonido. El silencio significaría, en ese sentido, ausencia de palabra, ausencia de voz o de sonido. Estamos entonces en el ámbito de la comunicación no verbal. Si nos limitamos solo a estas consideraciones genéricas, hablar del «silencio comunicativo», por lo tanto, estaría fuera del lugar, sería como si afirmáramos una cosa y su contrario al mismo tiempo.

Ahora bien, si partimos de la etimología y la definición técnica, *comunicación* procede del latín *communicare* y significa «compartir» o «dar a conocer» una información o un conocimiento con otros. Es importante aclarar aquí que hablar y comunicar no es lo mismo. Podemos hablar sin comunicar algo. Comunicar es transmitir con el fin de ser entendido por el receptor. Por eso, a veces «se habla sin decir nada», es decir, se habla sin transmitir una información entendible.

Asimismo, los dos modos de comunicación, verbal y no verbal tienen la misma finalidad de transmitir conocimientos o informaciones, emociones, experiencias perceptibles o entendibles. Considerando este enfoque, nos damos cuenta de que la comunicación verbal y no verbal, como dos formas de comunicación, no son opuestas, sino más bien complementarias. El silencio no es contrario a la palabra, al sonido o a la voz, sino que los completa. Le Breton afirma que «no hay palabras sin silencio»[6]. Marcelo N. Abadi va aún más lejos diciendo: «La palabra nace del silencio»[7]. Lo argumenta explicando:

> Es necesario que calle el grito del niño, es preciso que los ruidos del mundo cesen, para que surja la palabra pensada, para que se sepa escuchar y se pueda nombrar[8].

A partir de lo anterior, podemos afirmar que el silencio es comunicación. Veremos pues, en qué medida esta afirmación es relevante.

Nosotros, los humanos, pasamos la mayor parte del día comunicando, intercambiando ideas, dialogando o conversando. Lo hacemos con palabras, pero también sin palabras. Lo hacemos, por ejemplo, con la expresión de nuestro cuerpo. Como afirma Guy Barrier, «incluso cuando no decimos

---

[6] Le Breton, *Sul silenzio*, 23.

[7] M. N. Abadi, *Observaciones sobre el silencio y la palabra* (Buenos Aires: Torres Agüero Editor, 1985), 21.

[8] Ibíd.

nada, nuestro cuerpo habla»[9]. Nuestro cuerpo habla en el silencio a través de, por ejemplo, expresiones corporales. En otras palabras, el silencio no es el único elemento de la comunicación no verbal. Junto con el silencio hay otros elementos como: gestos, tacto, expresiones corporales o faciales, rituales, etc. Todos ellos pueden ser acompañados con palabras o sin palabras, es decir, con el silencio.

El silencio en la comunicación no verbal

En una conversación entre personas, son tan importantes las palabras que decimos como los silencios que hacemos. Comunicarse a través del silencio puede ser una poderosa forma de comunicación no verbal. Según el investigador Albert Mehrabian, en una conversación cara a cara el componente verbal está hecho de la voz y los sonidos solo en un 35%. Más del 65% es comunicación no verbal que integra comportamientos, gestos, silencio, etc. Aunque podemos pensar que la palabra es el elemento fundamental del lenguaje y juega un papel primordial en la comunicación humana, no es lo único con la facultad de comunicar. Cada uno de los gestos, tactos, actitudes y silencios que mostra-

---

[9] G. Barrier, *La communication non verbale. Comprendre les gestes: perception et signification* (Issy-les-Moulineaux: ESF, 2008) 11.

mos tienen un impacto significativo en la comunicación. De hecho, acaparan la mayor parte del tiempo de la comunicación humana. Así pues, la comunicación no verbal ocupa un lugar fundamental en las interacciones humanas y el silencio tiene mucha peso dentro de este sistema.

Tipos de silencio

Hay un montón de silencios que hablan o comunican por sí solos, positiva o negativamente. Ilustremos algunos de ellos. Como hemos dicho antes, el silencio es sin duda una forma compleja de comunicación que puede resultar difícil de interpretar. Como su significado es difícil de leer, su interpretación es delicada; es bueno comprender el contexto, el tiempo y el entorno en el que se produce. Por supuesto, existen unos principios cognitivos que ayudan a la interpretación de algunos de esos silencios. No obstante, en las interacciones es importante interesarse tanto por lo que se dice como por lo que se calla. Repasamos algunos tipos de silencios comunicativos, tanto positivos como negativos. La lista es larga. Recogemos los más comunes.

El silencio de cortesía: históricamente hablando, el silencio de cortesía tiene algo que ver con el silencio dentro de las cortes reales en la Edad Media. El silencio de cortesía se mantenía frente a la nobleza o una autoridad, para expresar respeto, compromiso, lealtad, desacuerdo, sumisión o desafío sin recurrir a la palabra y sin interrumpir. Pero también es el silencio necesario y obligado para mantener secretos y preservar la dignidad de la nobleza.

El silencio sagrado u orante: prevalece en el ámbito religioso, en la liturgia. Es un silencio de adoración o de gratitud. En la Iglesia católica, con la reforma litúrgica, ese silencio forma parte integrante de la celebración eucarística. El Concilio Vaticano II dispuso el mantenimiento de un tiempo de silencio durante la celebración eucarística. Dice la Constitución sobre la Liturgia, *Sacrosanctum Concilium* 30: «para promover la participación activa, [...] se guardará también al mismo tiempo un sagrado silencio». Como podemos ver, la participación en la Santa Misa se hace no solo con los cantos o con las palabras que se leen o dicen, sino también con el recogimiento en el silencio.

El reciente *Misal romano* (la edición aprobada el papa Pablo VI y reeditada por Juan Pablo II), ha especificado los numerosos lugares de la misa en los que debe guardarse silencio. *La Instrucción General del Misal romano* (IGMR), que hace referencia a la Constitución sobre la Sagrada Liturgia, *Sacrosanctum Concilium* 30, insiste sobre la importancia de respetar los momentos del silencio en la misa.

Al respecto, la *Sacrosanctum Concilium* (SC 30) dice: «debe guardarse en el momento en que corresponde, como parte de la celebración, un sagrado silencio»[10]. El *Misal romano* menciona explícitamente ciertos momentos en los que la acción litúrgica se desarrolla en silencio antes de pronunciar una oración. Se trata de una invitación a que la asamblea participante aproveche esos instantes de recogimiento en el secreto del silencio para rezar y reflexionar al nivel más personal.

El Misal establece unos instantes de silencio a lo largo de la celebración, por ejemplo, antes de la oración inicial, que recoge la plegaria silenciosa de la asamblea en una única oración. También se hace silencio después de la lectura de la Palabra o de la homilía, momento durante el cual el corazón medita, rumia las palabras escuchadas para apropiárselas o confrontarlas con su propia vida. Los feligreses hacen silencio durante la consagración. La asamblea permanece en silencio durante la consagración y retiene la voz y las palabras del sacerdote como los hijos de Israel sostuvieron los brazos de Moisés cuando oraba (Ex 17,11-13). Hay un silencio después de la comunión, que permite darse cuenta del significado del gesto sacramental que se acaba de realizar.

Muchas veces echo de menos esos momentos de silencio en nuestras celebraciones litúrgicas. A veces no se da espacio ya a esos tiempos de oración personal. Todo va tan de prisa que no hay tiempo

---

[10] *La Instrucción General del Misal romano* 45.

para pausar, meditar y rezar. Pascal Desthieux estima que:

> en la celebración eucarística, el silencio no es un fin en sí mismo: callamos para escuchar al orador, para meditar una palabra que acabamos de oír, para orar y encontrarnos con Dios. El silencio es siempre con vistas a otra cosa [...] Cuando hay silencio, es para poner de relieve un rito que se va a realizar, una palabra que se acaba de decir, un gesto que se ha realizado[11].

Al hablar de la relación que existe entre la liturgia y la oración, el *Catecismo de la Iglesia católica* (CIC) estima que:

> La liturgia es también participación en la oración de Cristo, dirigida al Padre en el Espíritu Santo [...] Por la liturgia el hombre interior es enraizado y fundado (cf. Ef 3,16-17) en «el gran amor con que el Padre nos amó» (Ef 2,4) en su Hijo Amado[12].

Como sabemos, las oraciones de Jesús fueron vocales, es decir, con palabras y en forma audible,

---

[11] P. Desthieux, *Le silence dans la célébration de l'Eucharistie. Une étude et une analyse des documents liturgiques d'après le concile Vatican II* (tesis presentada en las Facultades de Teología de la Université catholique de Louvain [Bélgica] y de la Université de Fribourg [Suiza], 2014).

[12] *Catecismo de la Iglesia católica* 1073.

pero también no vocales, es decir, silenciosas. En el rito de la liturgia de la eucaristía (romano) están presentes estas dos dimensiones: la oración oral y silenciosa. Son silencios de diversa naturaleza para ayudar a vivir y contemplar el misterio divino, y también como sistema de comunicación entre la comunidad y entre esta y Dios. Sus matices son diferentes a la hora de vivirlo.

La liturgia ortodoxa de la misa consta de nueve partes:

- la preparación de la divina liturgia;

- la introducción;

- la preparación del lecho nupcial con los salmos, el gradual, el aleluya y las lecturas del Antiguo y del Nuevo Testamento;

- la lectura del Evangelio;

- las peticiones de la letanía y la ofrenda;

- la liturgia por excelencia (mistagogía o teurgia);

- la fracción del pan y el Padre Nuestro;

- la Eucaristía propiamente dicha, centro de la liturgia; y

- el canto: «Hemos visto la Luz verdadera, hemos recibido el Espíritu celestial».

Aunque puede haber momentos de cortos silencios entre las partes, de manera general el silencio suele intervenir después de la última parte de la liturga de la misa. Es un momento de oración y de diálogo con Dios.

En el protestantismo clásico, la liturgia:

sirve para escuchar en el culto que Dios viene al hombre en Jesucristo, y para responder ante Él a su llamada y a su gracia. Es un tiempo de diálogo en el que Dios llama y convoca a su pueblo. Es un tiempo de comunidad en el que la Iglesia se compromete en su respuesta[13].

Y es importante subrayar que, en el protestantismo, el centro de este culto es la Palabra.

Asimismo, toda la liturgia protestante está marcada por ese doble movimiento que caracteriza el diálogo entre Dios y la comunidad. Por un lado, es Dios quien toma la iniciativa y, por otro, está la respuesta de la comunidad a Dios. Este doble movimiento puede observarse en todas las partes y los elementos del culto. Por ejemplo:

a la invocación sigue la alabanza; al recordatorio de la Ley sigue la confesión de los pecados; al anuncio del perdón sigue la confesión de fe; al anun-

---

[13] F. Wennagel, «Le culte et la liturgie dans le protestantisme», texto redactado en el marco de una formación de responsables de parroquias, 9 [https://www.protestants-cernay.org/wp-content/uploads/Le-culte-et-la-liturgie.pdf].

cio de la Palabra sigue la intercesión; al sacramento sigue la ofrenda[14].

La respuesta de la comunidad a la palabra de Dios se da a través de las diferentes partes del culto, como oraciones, acción de gracias, confesiones, cantos de alabanza, etc., pero también a través de momentos de silencio. «El silencio no es un incidente, un agujero, un defecto o un déficit»[15], afirma el pastor Frédéric Wennagel. «Es, en relación con una palabra naturalmente invasiva en el culto protestante, un contrapeso indispensable»[16], prosigue. Como parte del diálogo entre Dios y la comunidad, se eligen varios momentos de la liturgia para dar al silencio su lugar. Es el caso, por ejemplo:

> después de las lecturas bíblicas, después de la predicación, como prolongación de una oración, en el corazón de la oración de intercesión, a la hora de la Última Cena, cuando la liturgia declara: «Guardemos silencio ante Dios[17]».

---

[14] Wennagel, «Le culte et la liturgie», 9.

[15] Ibíd., 6.

[16] Ibíd.

[17] Ibíd.

El silencio prudente: en *El arte de la prudencia*[18], Baltasar Gracián define el silencio como el santuario del arte de la prudencia. La persona prudente es aquella que sabe callarse si es necesario. Abre la boca solo para decir las cosas sensatas. El libro de Proverbios en la Biblia la define como aquella persona que «obra con conocimiento» (Prov 13,16). Por eso, nunca se arrepiente de haber guardado silencio. No tiene nada que ver con la astucia. Es un silencio prudente lleno de sabiduría.

En la sociedad en la que vivimos, parece que las personas cultas son las que hablan, comentan y opinan de todo; tienen siempre algo que decir. Peor aún, en la era digital donde las nuevas tecnologías nos ofrecen una multitud de posibilidades para expresarnos, hay gente que está en todas las redes sociales y comenta cualquier cosa que se publica. Otros, incluso, escriben de todo lo que les ocurre, desde su vida privada hasta la vida de los demás. Suben cualquier tipo de foto, privada o pública. Esta clase de gente tiene la lengua veloz, pero también los dedos. Tienen un apetito insaciable de hablar.

Durante las charlas que me ha tocado dar a grupos sobre la presencia responsable y ética en las

---

[18] B. Gracián, *El arte de la prudencia* (Kindle) [https://www.textos.info/baltasar-gracian/el-arte-de-la-prudencia/descargar-kindle].

redes sociales, suelo hacer esta pregunta a los participantes: ¿vale la pena hablar de los planes personales, de la intimidad, de las debilidades y de los problemas de salud, o publicar fotos íntimas en los espacios públicos y los medios de comunicación? Baltasar Gracián califica esa actitud de imprudencia. Por eso afirma: «Jugar con todas las cartas al descubierto no es de utilidad ni buen gusto» [19]. Como se suele decir, somos esclavos de lo que hablamos y dueños de lo que callamos. Si no se aprende a poner agua en la boca y los frenos en las manos, lo que hacemos es exponernos al público, exponer nuestro prestigio. Como oí decir a alguien, nos volvemos un libro abierto o una red wifi sin contraseña. Y las consecuencias no suelen tardar en llegar.

«Todo tiene su momento, y cada cosa su tiempo bajo el cielo... Hay tiempo de callar y tiempo de hablar» (Ecl 3,7). Hablar oportunamente es acierto y callar a tiempo es prudencia. Debemos apreciar el valor del silencio, sobre todo en esta época de uso excesivo de los medios digitales. Somos nosotros mismos los dueños de nuestro silencio. «El no declarar mucho crea suspenso, y más cuando la importancia de tu cargo da lugar a que todos estén atentos a tus actos» [20], afirma Gracián. Así pues, el

---

[19] Gracián, *El arte de la prudencia*.

[20] Ibíd.

silencio prudente es precioso, y como decía el papa Benedicto XVI:

favorece el necesario discernimiento entre los numerosos estímulos y respuestas que se reciben, para reconocer e identificar asimismo las preguntas verdaderamente importantes[21].

En palabras de Baltasar Gracián: «es el recatado silencio lo más sagrado de la cordura»[22].

El silencio profesional: forma parte de los requisitos para asumir o practicar una profesión y está ligado con el secreto profesional. Es un principio ético y legal que se utiliza en muchas profesiones para garantizar la confidencialidad de la información que se recibe. Divulgarla se considera un delito y la persona se arriesga a un procedimiento judicial. Las profesiones expuestas al silencio profesional que obliga el secreto son, entre otras, la abogacía, la psicología, la medicina, el sacerdocio, la enfermería, el periodismo, la contabilidad o el trabajo social.

Por ejemplo, un periodista que tiene acceso a documentos o fuentes de información está obligado a mantener la identificación de la fuente en el

---

[21] Mensaje del Santo Padre Benedicto XVI para la XLVI Jornada Mundial de las Comunicaciones Sociales.

[22] Gracián, *El arte de la prudencia.*

anonimato cuando esta lo solicita. Por tanto, no debe comunicar bajo ningún concepto la fuente de la información por respeto al derecho a la privacidad. El sacerdote no debe revelar nada de lo que ha escuchado durante la confesión. El Código de Derecho Canónico reza:

> El sigilo sacramental es inviolable; por lo cual está terminantemente prohibido al confesor descubrir al penitente, de palabra o de cualquier otro modo, y por ningún motivo[23].

Y añade:

> también están obligados a guardar secreto el intérprete, si lo hay, y todos aquellos que, de cualquier manera, hubieran tenido conocimiento de los pecados por la confesión[24].

Ahora bien, en algunos casos, bajo condiciones, el profesional sujeto al secreto profesional puede romper su silencio y comunicar la información requerida. De todos modos se trata de casos excepcionales.

El silencio cómplice: permanecer en silencio ante el mal, o ante una situación o un comportamiento injusto, sin denunciarlo o sin actuar para detenerlo, implica una forma de complicidad con

---

[23] Código de Derecho Canónico 983 § 1.

[24] Ibíd. 983 § 2.

el acto. Ante el mal, ¡el silencio es culpable o cómplice! El silencio cómplice es habitual en las relaciones personales, internacionales, políticas y en la vida privada y pública. Los ejemplos son numerosos. En general, esta complicidad consiste en no denunciar el comportamiento indebido.

Mantenerse en silencio, a sabiendas de lo sucedido, puede ser un acto de complicidad, pero también de indiferencia. Es decir, no estar preocupado o afectado por lo que ocurre, o simplemente no prestar atención o interés a lo sucedido. Este comportamiento puede implicar una responsabilidad moral por parte del que permanece en silencio. Recuerdo una canción del cantautor congoleño, Maître Gims que denuncia el silencio cómplice de ciertas personas ante el mal. Para él, lo peor no es la maldad de los hombres, sino el silencio de algunos ante el mal.

El silencio miedoso e impuesto: es decir, la decisión de quedarse callado para evitar consecuencias negativas. Lo llamamos el silencio impuesto, independientemente de nuestra propia voluntad. Álex Grijelmo lo llama «la opresión del silencio»[25]. Es un hecho real que se da en los regímenes dictatoriales y autoritarios, donde la gente no se expresa abiertamente por temor a ser víctima de la

---

[25] Á. Grijelmo, *La información del silencio* (Madrid: Taurus, 2012).

violencia del Estado. La gente prefiere el silencio a expresar libremente sus opiniones por miedo a las represalias. Como afirma Álex Grijelmo: «El silencio impuesto que sufren una sociedad o sus individuos suele tener su origen en una opresión política o religiosa»[26], también en los ámbitos culturales.

En algunas culturas, ciertas categorías de personas están sujeta al silencio por su sexo, su estatus o su condición social. Existen culturas donde las mujeres o los jóvenes no tienen voz, se les silencia denegándoles su derecho a expresarse. Le Breton afirma que:

> según el tipo de sociedad y de acuerdo con su posición social, las mujeres no tienen la misma libertad de expresión que los hombres y, a menudo, se las coloca en una posición inferior[27].

Tanto en las sociedades machistas como en las gerontocracias, son los hombres o los ancianos los que monopolizan la palabra, mientras que los demás, como las mujeres y los jóvenes, son silenciados. Lo mismo ocurre con los desfavorecidos de nuestras sociedades, los pobres y los marginados que se ven privados de sus derechos y obligados a callar y sufrir en silencio.

---

[26] Le Breton, *Sul silenzio*, 23.

[27] Ibíd., 35

La realidad del silencio impuesto existe también en muchas instituciones donde los trabajadores deben aguantar todo en silencio por miedo a ser despedidos. Algunas familias e instituciones escolares no se libran de este tipo de problemas. En ellas, los niños aprenden a crecer en un silencio miedoso por temor a ser castigados. Ocurre lo mismo en ciertas comunidades religiosas, donde se hace comprender a los que están en formación que no deben expresarse libremente por miedo a ser expulsados del seminario o de la congregación.

Una vez una exreligiosa me contó cómo tuvo que aguantar en silencio los dolores que tenía para no ser tildada de «llorona» en la comunidad. Incluso llegaron a decirle que sus dolores eran imaginarios. Para no seguir escuchando estas descalificaciones que le afectaban, prefirió callar y sufrir en silencio. Llegó un momento en que incluso empezó a pensar que sus dolores eran imaginarios. Sin embargo, cuando dejó la comunidad, en su primera visita al hospital el médico le dio la razón: los dolores eran reales. Como ella, son muchos los que tienen que aguantar todo en silencio. Lo peor es que, una vez terminada la etapa del seminario y de la formación religiosa, es la persona real la que sale a la luz porque ya puede hablar sin tapujos y conocemos las consecuencias negativas que se derivan de ello.

En el ámbito periodístico, la opresión del silencio está relacionada con la censura impuesta a periodistas y la autocensura de los propios medios. En los regímenes autoritarios, «la censura se ha venido utilizando como arma política y religiosa para ocultar lo relevante, convertirlo en irrelevante y manipular a las masas». Los ejemplos son innumerables, desde la Antigüedad hasta nuestros días. Por lo tanto, para sobrevivir como medio o como periodista, la única manera es contar solo los hechos que agradan a los regímenes políticos y religiosos, en perjuicio de la verdad.

Otra forma de censura es la que impone la dictadura de la mayoría, que silencia las opiniones contrarias por miedo a sufrir, utilizando las palabras de la politóloga alemana Elisabeth Noelle-Neumann en su libro *La espiral del silencio*, «aislamiento o represalias». Una sociedad unidireccional o de pensamiento único no solo reduce la libertad de expresión, sino que empobrece la reflexión y atemoriza a la gente.

En cuanto a la autocensura, los medios o las personas renuncian conscientemente a su derecho de informar de la verdad por temor a las posibles consecuencias o por intereses económicos. En el mundo de los medios de comunicación hay muchos ejemplos de este tipo de prácticas cínicas y, como diría el periodista, escritor, ensayista y poeta polaco Ryszard Kapuściński: «los cínicos no sirven para este oficio».

El silencio debe ser la base de la alegría y la satisfacción. Se trata de «un gozoso noble silencio»[28], como afirma Thich Nhat Hanh. Se trata de un silencio fecundo que favorece la reflexión, la meditación, la escucha en libertad. Un silencio, en el que la persona nace de nuevo y crece. Sin embargo, no se trata de un silencio que perjudica la comunicación y esclaviza a la persona, ni de un silencio que inmoviliza la lengua y hace que la persona se vea sumida en una taciturnidad profunda.

El silencio emocional: se refiere a la incapacidad de comunicar sentimientos, emociones, pensamientos o necesidades. A menudo, se describe a las personas con este problema de déficit comunicativo emocional como «secas», «sosas» o «frías». Con su silencio, es difícil saber lo que ocurre en su mente o qué quieren y sienten. Hay varias razones posibles para ello. En el ámbito de la psicología médica, se atribuye a una enfermedad, la «alexitimia», que se relaciona con la dificultad de expresar emociones mediante la palabra. El bloqueo psicológico también puede ser otra causa de la dificultad para verbalizar las emociones, lo cual impide una comunicación honesta y abierta con los demás.

El silencio comprado: hace poco, en Estados Unidos se celebró el juicio contra el expresidente

---

[28] Thich Nhat Hanh, *Silencio: El poder de la quietud en un mundo ruidoso* (Madrid: Urano, 2024).

Donald Trump (2016-2021) por un caso penal relacionado con los supuestos pagos irregulares a la actriz Stormy Daniels para «comprar su silencio» durante la campaña electoral de 2016. El «silencio comprado» es una práctica astuta que consiste en comprar el silencio de una o varias personas o de medios de comunicación para mantener en secreto algo perjudicial para el comprador. Este proceder es muy común en la política, donde es habitual la manipulación de la información y de la verdad. Es una práctica tan antigua como la humanidad. En el evangelio de Mateo se dice que, para desacreditar la verdad de la Resurrección, los jefes de los sacerdotes, los ancianos y los escribas sobornaron a los soldados para que dijeran que se había robado el cuerpo de Jesús (Mt 28,11-20).

Expresiones faciales

Las expresiones faciales son una forma de comunicación no verbal. Pueden revelar las emociones o las intenciones de una persona sin necesidad de palabras. Una sonrisa puede transmitir felicidad, agrado, amabilidad o complicidad. Un ceño fruncido puede indicar preocupación, enojo, confusión o concentración. Un guiño puede ser una llamada de atención o significar atracción sexual, amistad o conocimiento compartido. El rechinar de dientes puede significar dolor, sufrimiento o enfado. Fruncir los labios o los ojos puede indicar enojo. Arrugar la nariz puede expresar asco. Y arrugar la cara puede indicar enfado o desaprobación. Más allá de las interpretaciones genéricas que se pueden hacer de estas expresiones faciales, siempre es bueno interpretarlas en contexto. También es importante saber que las expresiones faciales pueden variar según el entorno cultural en el que uno se encuentre.

El contacto visual: la mirada

El contacto visual, acompañado o no de palabras, es una forma importante de comunicación no verbal. Nuestras miradas revelan y traicionan nuestros pensamientos; dicen. Cuando era niño, uno de los amigos de mi hermano mayor solía visitarnos en casa. Una vez, mi madre me dijo: «El amigo de tu hermano está enamorado de tu hermana». «¿Y cómo lo sabes, mamá?», le pregunté. «La manera en la que siempre mira a tu hermana lo dice todo», me respondió. La intuición femenina es fuerte. Resulta que mi madre tenía razón. Como dice Thierry Lenoir, «los ojos son el sistema más importante para transmitir mensajes no verbales»[29].

Mantener un contacto visual prolongado puede comunicar una serie de emociones, desde la intimidad y el afecto hasta la intensidad o la curiosi-

---

[29] T. Lenoir, *Jésus, maître de communication* (Bière: Cabédita, 2015) 25.

dad, y establecer una conexión profunda sin decir una palabra. En definitiva, el contacto visual ayuda a regular el flujo de la comunicación, aumenta la credibilidad y el interés, y puede abarcar muchos significados, a veces más profundos y difíciles de expresar con palabras.

En el proceso de la comunicación, cuando uno habla en público o en una conversación cara a cara, el contacto visual permanente con la audiencia o con la persona con quien hablamos permite establecer conexiones y una relación entre las dos partes. También favorece la interacción y la proximidad con el otro. Si va acompañado de una sonrisa, mejor aún. No mirarse a los ojos puede convertirse en una barrera y dificultar una conversación sincera y honesta. No obstante, se aconseja no fijar la mirada en una sola persona durante mucho tiempo en un discurso público. El tiempo medio razonable para mirar fijamente a alguien se estima en 2,95 segundos.

Jesús fue un gran comunicador que utilizó tanto las palabras como el lenguaje de su cuerpo. Hizo uso tanto de las expresiones faciales como de la mirada para expresar sus sentimientos, pareceres, admiración o emociones. Los evangelios nos presentan varios escenarios en los que Jesús comunica a través de las miradas: «Entonces Jesús le miró con cariño» (Mc 10,21-23). «Entonces, mirándolos alrededor con enojo, entristecido por la dureza de sus corazones» (Mc 3,5). «Entonces, vuelto el Señor, miró a Pedro; y Pedro se acordó de la palabra del Señor, que le había dicho: antes que el gallo cante, me negarás tres veces» (Lc 22,61-62). «Entonces tomó los cinco panes y los dos peces, y levantando los ojos al cielo, bendijo, y partió los panes, y dio a sus discípulos para que los pusiesen delante; y repartió los dos peces entre todos» (Mc 6,41), etc.

La mirada silenciosa de Jesús es una de sus fuerzas como comunicador. Para conectarse con su padre o para conectarse con su público antes de hablarles, primero los mira. Como dice Thierry Lenoir, «Jesús intentaba establecer una conexión a través de sus ojos antes incluso de hablar»[30]. Mira al cielo cuando reza a su padre. Mira hacia arriba para ver a Zaqueo y mostrarle su compasión. Una mirada sincera, incluso sin decir nada, «permite abrirse a los demás»[31] y es más potente que mil palabras.

El lenguaje o las expresiones corporales

Al igual que las expresiones faciales, el lenguaje corporal es una forma de comunicación a la que la mayoría de las personas no presta mucha atención. Es decir, a veces no captamos el mensaje que nos

---

[30] Lenoir, *Jésus, maître de communication*, 25.

[31] Ibíd.

transmite el receptor o el oyente a través del lenguaje de su cuerpo. El tacto, las posturas, los movimientos, la posición de las manos o de las piernas, etc., que forman parte de la comunicación no verbal, pueden transmitir una gran cantidad de información sin necesidad de palabras. Por ser un lenguaje corporal, a menudo natural y difícil de controlar, es más revelador que las propias palabras. Lo que la gente no puede expresar fácilmente con palabras, lo revela a través del lenguaje corporal o los gestos. Por ejemplo, se puede deducir que una charla está resultando aburrida por los bostezos de los oyentes o cualquier otro gesto corporal.

Los gestos

Los gestos son símbolos visuales y están presentes en todas las culturas. Al igual que la mirada, pueden ir acompañados o no de palabras. Un gesto por sí solo puede transmitir un mensaje sin recurrir a las palabras. A veces los usamos de manera inconsciente, especialmente cuando son fruto de emociones o de estados de ánimo. Los gestos no se aprenden necesariamente en la escuela; se adquieren de manera natural por el hecho de pertenecer a una cultura o un grupo determinado que otorga significado a ciertos de ellos. Por eso, algunos se repiten a lo largo del tiempo y pasan de una generación a otra. En mi cultura, por ejemplo, el gesto de llevarse la mano a la mejilla es una expresión de tristeza. Es el sentido que se le ha dado a ese gesto en mi cultura. No se aprende en la escuela, sino en la vida cotidiana. Sin embargo, podría no tener el mismo significado en otras culturas.

Como podemos ver, en la comunicación no verbal a través del lenguaje corporal, los gestos son quizá los más complejos de identificar. Su comprensión depende de muchos factores, como el contexto cultural en el que se producen y los códigos decididos o elegidos por un grupo de personas que les otorgan significado. Por eso, el receptor debe necesariamente decodificar los códigos del emisor para que el gesto sea comprensible. Recuerdo el enojo de nuestra profesora con un compañero de clase en la escuela de idiomas. Al no encontrar las palabras para expresar lo que quería decir y hacerse entender, recurrió a gestos. Pero, por desgracia, los gestos utilizados no agradaron a la profesora. Lo que era normal en la cultura del compañero no lo era en la cultura de la profesora.

Asimismo, en algunas culturas orientales como la india, mover la cabeza es una expresión de aceptación. En otras culturas, como en Europa y África, es una expresión de negación. Para saludar a una persona mayor o a un superior, se toca la parte del brazo situada entre el antebrazo y la palma de la mano como señal de respeto en la mayoría de las culturas africanas. Sin embargo, para saludar a un superior, en algunas culturas orientales se agita ampliamente la mano hacia el suelo y luego se lleva al corazón y a la frente. Como podemos ver, los gestos, aunque constituyen un lenguaje en sí mismos en el ámbito de la comunicación no verbal, no pueden ser interpretados de forma aislada. Esa expresión que se genera dentro de una interacción o una conversación debe ser dotada de significado dentro del conjunto de la comunicación que se produce.

La Biblia está repleta de gestos que comunican sentimientos y mensajes. Algunos de esos gestos son rituales, es decir, gestos que se producen dentro de un ritual. Pueden ser acompañados de objetos externos, producirse con palabras o sin palabras, o preceder a las palabras. En el Antiguo Testamento, Moisés y Salomón levantan las manos en señal de oración (Ex 17,10): «Y sucedía que cuando alzaba Moisés su mano, Israel prevalecía; pero cuando él bajaba su mano, prevalecía Amalec». «Luego se puso Salomón delante del altar de Jehová, en presencia de toda la congregación de Israel, y extendiendo sus manos al cielo» (1 Re 8,22). Este es un gesto que se recoge hoy en la liturgia de la Iglesia católica y en los rituales de muchas religiones. Es una actitud corporal que expresa el movimiento interior de la oración. Arrodillarse y postrarse son otros gestos que aparecen muy a menudo en la Biblia. Indican adoración, honra y devoción. «Por mí mismo hice juramento, de mi boca salió palabra en justicia, y no será revocada: que a mí se doblará toda rodilla, y jurará toda lengua» (Is 45,23). Como estos gestos, hay muchos otros en el Antiguo Testamento.

El tacto

El tacto, uno de los cinco sentidos, es otro tipo de lenguaje corporal. Es una de las primeras formas de comunicación humana que permite percibir y entender el mundo a través del contacto físico sin necesidad de palabras. Fernando Broncano afirma que el tacto «es el sentido que produce una confianza mayor en la conexión epistémica con el mundo»[32]. De hecho, una de las formas expresivas comunicacionales de un recién nacido es el tacto. Al nacer, el bebé empieza a comunicarse con el mundo que lo rodea, especialmente con su madre, a través del tacto. Ese contacto silencioso de piel con piel y las caricias son tan poderosos que van creando el vínculo entre la madre y el bebé. Muchos estudios demuestran que las personas que no

---

[32] F. Broncano, «La producción cultural del tacto», en el blog *El laberinto de la identidad. Reflexiones en las fronteras de la cultura y la ciencia, la filosofía y la literatura, la melancolía y la esperanza*, 2022 [http://laberintodelaidentidad.blogspot. com/2022/04/la-produccion-cultural-del-tacto.html#:~:- text=Si%20la%20construcción%20de%20la,lo%20objeti- vo%20y%20lo%20subjetivo].

han experimentado el tacto en su niñez sufren la ausencia de afecto.

En cada cultura, el tacto tiene un papel importante en las interacciones sociales, ya que permite comunicar afecto, empatía y comprensión a través del contacto físico, como abrazos, apretones de manos o caricias. Además, es esencial para la percepción del entorno, ya que ayuda a determinar la estructura, la consistencia y la forma de los objetos. Una simple caricia, como un abrazo, una palmada en la espalda o coger a alguien de la mano, puede expresar consuelo, apoyo o afecto.

El tacto es una expresión silenciosa de los sentimientos más profundos del ser humano y también de los animales. Comunica afecto, cariño o amor. Demuestra el grado de relación que existe entre dos personas. El tacto de un médico con una persona enferma es una muestra de la proximidad e influye mucho en la psicología de la persona, ayudando en el proceso de curación. Para mostrar su poder sobre el mal y su empatía hacia los que sufren, Jesús comunicó con gestos de las manos, mediante el tacto. Asimismo, usó sus manos para curar. «Entonces les tocó los ojos...» (Mt 9,29).

Las posturas

Las posturas también son elementos de comunicación no verbal que no utilizan la palabra. Las posturas forman parte del lenguaje corporal humano. Según la postura que se adopta en una conversación, la persona envía señales a su interlocutor sin necesidad de palabras. Inclinar la cabeza, cruzar las piernas o las manos son mensajes que reflejan intenciones internas. Por ejemplo, los brazos cruzados en una conversación indican una actitud cerrada, conocida como postura de barrera.

Signos

El ser humano es un animal social, por lo tanto, necesita comunicarse con los demás. «Para comunicarse, la gente hace signos», decía el semiólogo Georges Jean. Un signo es una palabra, un número, un gesto, un dibujo o una expresión facial que se utiliza para comunicarse. Por ejemplo, tener los brazos abiertos hacía una persona es señal de bienvenido; encogerse de hombros es señal de enfado y, cuando alguien no sabe qué hacer, se encoge de hombros repetidamente, etc. Estos ejemplos y algunos más se encuentran en cada cultura y muestran cómo se utilizan los signos a diario para comunicar determinados mensajes. Su significado depende del contexto que le dan las personas de un mismo entorno cultural que leen y utilizan este tipo de lenguaje corporal de la misma manera. Los signos pueden ser codificados, cuando su significado no está abierto a la interpretación. Por ejemplo, un logo. Existen también signos convencionales que resultan de una norma, tácita o explícita, aceptada por todos. Por ejemplo, el lenguaje mímico de los sordomudos. De manera general, estos tipos de signos son arbitrarios porque se entienden meramente en un contexto preciso. Por ejemplo, los signos de sordomudos que constituye un modo particular de comunicación.

Los rituales

Los rituales están presentes en todas las culturas y religiones y están impuestos por las costumbres de una sociedad. Algunos forman parte de la vida diaria y se llevan a cabo a través de una serie de prácticas, símbolos y gestos. Es el caso, por ejemplo, de los saludos. Existen diferentes formas de saludar: dar la mano, besar, hacer una reverencia, etc. Estos rituales de saludo varían según la cultura, los países, las familias o los lugares.

Los rituales, tanto si se practican en público como en privado, están estrechamente vinculados con acontecimientos significativos. Asimismo, el significado que se les concede depende muchas veces del sentido que le da el ser humano, dependiendo de los lugares o de las culturas. En España, por ejemplo, el 31 de diciembre, día de Nochevieja, pocos segundos antes del año nuevo, existe un ritual de comer 12 uvas al compás de 12 campanadas. Es una tradición para despedir el año viejo y dar la bienvenida al nuevo cuyo origen se sitúa en

1909. En cuanto al significado, existen unas cuantas explicaciones. Una de ellas asocia la uva con la buena suerte. Por lo tanto, comer 12 uvas al inicio del año nuevo es símbolo de buena suerte durante los 12 meses del año.

En otros lugares, existen también rituales que se han impuesto a las costumbres de las personas y, a medida que se practican en la vida cotidiana, se han vuelto parte de la normalidad. Por ejemplo, ponerse de espaldas al agua de la fuente de Trevi en Roma y, con la mano derecha, lanzar una moneda por encima del hombro izquierdo o meter el dedo en la columna de San Gregorio, en Santa Sofía, en Estambul. Hay muchos rituales así.

En África, hay una serie de ritos de paso (de la adolescencia a la edad adulta, del celibato al matrimonio, etc.), rituales funerarios, etc. El mundo oriental, como la mayoría de las tribus de América, son conocidos, entre otras cosas, por el uso de rituales en varios ámbitos de la vida cotidiana. La mayoría de esos rituales están relacionados con las creencias, los conocimientos, las tradiciones y la costumbres de cada pueblo, que se reconocen en su visión estructurada sobre el medio ambiente, sobre Dios o sobre el lugar que ocupan en el universo.

Los rituales ocupan un lugar preponderante en todas las religiones. En un ritual religioso siempre existe el enfoque humano y el divino. El humano debe respetar ciertas normas prescritas que le permiten entrar en relación con lo sagrado. Asimismo, los rituales religiosos están repletos de símbolos y gestos que tienden a un significado, pasando de algo concreto a algo abstracto. De manera general, se recomienda que se respeten rigurosamente las normas prescritas en el rito para la validez del ritual. Por ejemplo, en el rito del sacramento del bautismo católico, es fundamental:

> sumergir en el agua al candidato o derramar agua sobre su cabeza, pronunciando la invocación de la Santísima Trinidad, es decir, del Padre, del Hijo y del Espíritu Santo[33].

Cuando no se respeta lo prescrito en el ritual, el rito es considerado inválido. Esto sucede también en los demás sacramentos, donde hay que observar rigurosamente las normas preestablecidas en el ritual para la validez del rito sacramental.

Al igual que las palabras, el silencio es sagrado dentro del ritual. El silencio es el alma que materializa la importancia de los actos que se sacralizan. El silencio es la luz que brilla con su ausencia para sumergir el valor simbólico de cada acto, palabra, gesto y sonido. En un ritual religioso, el único lenguaje más cercano a un Dios invisible a los ojos, sin embargo visible en el Espíritu, es el silencio. Como podemos ver, el silencio, como comunica-

---

[33] *Catecismo de la Iglesia Católica* 1278.

ción y como medio que favorece la comunicación con el Ser Supremo, es un tema destacado en las grandes religiones del mundo.

El miedo al silencio en la comunicación

Como ya hemos dicho, al igual que el habla, el silencio es parte integrante de la comunicación. Sin embargo, para algunas personas, el silencio es incómodo. «El silencio es el ruido más fuerte,» decía el trompetista y compositor de *jazz* americano Miles Davis. En una conversación, el silencio puede ser francamente aterrador para ciertas personas. Por eso, algunas tienden a rellenar las conversaciones con palabras de cualquier tipo para evitar ese hueco silencioso. En una conversación, mirarse sin palabras, como suele ocurrir a menudo, asusta y es embarazoso para algunos individuos que ven en el silencio algo negativo.

En una charla con adolescentes sobre la escucha y el silencio, decidí hacer varias pausas para ver su capacidad de atención y de mantener el silencio. Eran pausas cortas de 15 a 20 segundos. El resultado fue desastroso. Después de unos segundos de silencio, de los cincuenta y tantos niños y niñas que había en el aula casi cuarenta y cinco empezaban a hablar entre ellos inmediatamente. Algunos se bromeaban y otros miraban sus móviles. Al terminar la charla, en la evaluación, quise saber qué les habían parecido las pausas durante la charla. Por supuesto, «incómodas» fue la respuesta de la mayoría. Algunos incluso me confesaron que el silencio les asusta. Esto pasa también en los adultos.

Todos hemos tenido seguramente esa experiencia donde en una conversación, de repente, todo el mundo se queda callado por algunos instantes. Es el silencio. Sin embargo, ese silencio suele durar poco tiempo. Siempre hay alguien que retoma inmediatamente la conversación para romperlo, porque disgusta. En los medios de comunicación, especialmente en la radio y en la televisión, ese momento de silencio se percibe a veces como un fracaso, incluso como desastroso. En la cultura moderna, para evitar esos momentos de silencio incómodos, los acompañamos con un ruido de fondo que proviene de la radio, la televisión o la música. He visto en algunas casas donde la tele o la radio está puesta todo el día. En otras, cuando reciben una visita, enseguida se enciende la televisión. Se ha convertido en un ritual. Se hace a veces de manera inconsciente. Pero en realidad existe ese miedo al silencio en el ser humano.

El silencio que se produce de repente en una conversación es algo natural. Es un silencio pausado que permite interiorizar el tema de la conversación. Puede servir también de transición de un tema a otro. Estudios recientes en neurología muestran lo importante que es el silencio en una conversación para el funcionamiento del cerebro en cuanto al procesamiento de la información recibida. Además, es restaurador porque aumenta la capacidad del cerebro para prestar atención.

En las conversaciones entre amigos, familiares o compañeros de trabajo, hay personas que hablan sin parar. Son enemigos del silencio y quieren comentarlo todo. Muchas veces, lo hacen porque desean tener el control absoluto o demostrar que lo saben todo, algo imposible como ser humano. Pero también porque tienen miedo al silencio. Algunas personas tienen miedo a estar calladas por inseguridad. Por lo tanto, prefieren confundirse antes que estar en silencio. Sin embargo, hay personas que escuchan más de lo que hablan. Son «valoradores» del silencio. Y como lo veremos más adelante, para ellos, el silencio es sinónimo de espacio de reflexión, de respeto, de sabiduría. En el silencio, se escucha, se aprende, se piensa, se analiza antes de hablar. En el silencio, uno escucha y entiende mejor su mente.

Las causas de la fobia al silencio comunicativo son múltiples y pueden ser internas (endógenas) o externas (exógenas). Los miedos endógenos están estrechamente asociados con un bajo nivel de autoestima o de confianza, lo que produce la falta de tolerancia a la atención. Por eso, hay personas, por ejemplo, que, debido a su propia inseguridad, no son capaces de mantenerse en silencio o de guardar silencio en una conversación porque creen que, cuando surge un silencio durante una interacción, la conversación pierde interés. Esas personas están enseguida incómodas.

Por otra parte, hay personas *sedatefóbicas*, es decir, que sufren fobia del silencio. De manera general, esos tipos de personas no aguantan el silencio. Por eso necesitan constantemente el ruido y la interacción humana. Según los expertos, el número de personas sedatefóbicas está aumentando en el mundo, sobre todo en las grandes ciudades asoladas por el ruido continuo y la modernización. Las personas más afectadas por esa fobia son los adolescentes.

En cuanto a las causas exógenas del miedo al silencio, los expertos en salud mental enumeran, por ejemplo, los acontecimientos trágicos, como la noticia de la muerte de un ser querido, un episodio traumático, como maltrato, un accidente, etc.

Hoy en día se habla del síndrome FOMO, que afecta a una gran parte de la población mundial. Es consecuencia de la alta digitalización o de la hiperconexión. Según un estudio de la empresa Kaspersky publicado por Cadena Ser en España, un 70% de la población tiene dependencia tecnológica y el 40% asegura que duerme menos a causa del uso excesivo de la tecnología. Los que más sufren de este síndrome son, una vez más, los adolescentes.

A veces no tenemos ni tiempo para digerir todo lo que consumimos a lo largo del día, es decir, las noticias, las informaciones, etc. Hace falta un tiempo de silencio. Con la democratización, la comunicación horizontal parecía haber solucionado un problema gracias la participación de todos en la elaboración de la información. Sin embargo, nos trae otro problema, la saturación de información y el ruido informativo que es el gran enemigo del silencio.

A la escucha del silencio

Escuchar «la nada», es decir, lo que no se oye, tiene que ser un ejercicio difícil, pero al mismo tiempo fascinante. Es un arte. Escuchar el silencio es ser capaz de interpretar el miedo, la frustración, las emociones o los sentimientos del otro, quien nos los transmite en el silencio. Es saber interpretar el silencio del otro. Estamos de acuerdo con José Carlos Bermejo Higuera cuando dice:

> Solo es capaz de escuchar el silencio quien maneja sus propios sentimientos, sobre todo la impotencia experimentada al captar la densidad comunicativa del silencio en medio del sufrimiento[34].

Así pues, el primer paso en este ejercicio es el silencio personal, es decir, nuestro propio silencio. Solo en ese silencio en el que estamos inmersos nos resulta fácil comprender el silencio de los de-

---

[34] J. C. Bermejo Higuera, *Escuchar el silencio* (PDF, 2005) [https://www.josecarlosbermejo.es/escuchar-el-silencio/].

más, sus emociones, sus sentimientos, en definitiva, lo que llevan dentro.

Por otra parte, como dice Bermejo: «a escuchar el silencio se puede aprender también, como a escuchar la palabra»[35]. Es de hecho uno de los objetivos en la práctica de la meditación, manejar mejor el silencio para escuchar mejor la palabra. Cuando compartía con un amigo mi intención de escribir sobre el silencio en la comunicación, su reacción repentina fue: «Esto no es lo tuyo». Me quedé pensando en silencio un ratito si acaso tenía problemas con el silencio. Al verme callado, añadió: «No es lo que piensas lo que quería decir». Efectivamente, supo interpretar mis pensamientos en ese momento. «¿Tú no eres el hombre del verbo, de la palabra, como misionero del Verbo Divino?», me preguntó.

Me vinieron a la mente estas palabras de Pablo a los romanos: «Cerca de ti está la palabra, en tu boca y en tu corazón. Esta es la palabra de fe que predicamos» (Rom 10,8). La palabra, antes de ser proclamada, ha de ser meditada en el silencio del corazón. Somos misioneros de la palabra de Dios, pero también contempladores y meditadores de la palabra. He visto este aspecto muy marcado en la India, donde, en la mayoría de nuestras capillas, al lado del sagrario del Santísimo, tienen otro sagra-

---

[35] Bermejo, *Escuchar el silencio.*

rio de la palabra, para decir que adoramos a Dios presente en el pan y en la palabra. Así pues, el silencio de la adoración, la meditación y la contemplación de la palabra ayuda a escucharla y comunicarla mejor.

Los enemigos del silencio comunicativo

Por todo lo anterior, estamos de acuerdo en que el enemigo del silencio no es la palabra, como podría pensarse. La palabra es el aliado del silencio. Los dos se complementan. El silencio precede y completa la palabra. La palabra hace visible el silencio. En el ámbito espiritual, se habla de dos instantes fundamentales para entrar en relación con el Divino. De ello habla José Alegre Vilas:

> Hacer silencio y, desde este silencio contemplativo, abrir el corazón a la Palabra de Dios que nos habla en cada instante y que da a todo lo que nos rodea un carácter divino, habitado por Dios, que ha querido enviarnos a su hijo para nuestra salvación[36].

Los enemigos del silencio son el ruido y el parloteo. El ruido puede ser externo o interno. El ruido externo son los sonidos que proceden de objetos o

---

[36] J. Alegre Vilas, *El silencio y la palabra, senderos de Navidad. Meditaciones para Adviento y Navidad* (Madrid: PPC, 2022).

sujetos externos a nosotros. Ese ruido puede provenir de los coches o de cualquier otra máquina que lo produce, de las personas o de los animales, y afecta negativamente a nuestro bienestar y nuestra comunicación por sus efectos negativos en el cuerpo, como el estrés, la falta de concentración o la mala calidad de sueño. El ruido interno, en cambio, proviene de nuestro interior. Por ejemplo, la mente ocupada por la sobrecarga de información que se recibe en poco tiempo, especialmente a través de los dispositivos móviles, que puede provocar incluso una alteración psicológica.

El parloteo puede llegar a ser un dolor de cabeza para las personas que deben aguantar horas y horas escuchando a la misma persona. En efecto, la característica de los parlanchines es que les gusta monopolizar la palabra y siempre tienen algo que decir en cualquier tema que surge. «No uséis vanas repeticiones, como los gentiles, que piensan que por su palabrería serán oídos», decía Jesús. Igual que el ruido, el parloteo es también enemigo del silencio. Como afirman Philippe Breton y David Le Breton, su *cogito* podría formularse de la siguiente manera: «Existo porque rompo continuamente el silencio de mi discurso proliferante»[37]. De hecho:

---

[37] Breton – Le Breton, *Le silence et la parole*.

el hablador no soporta el silencio [...] Es una especie de poética de la enunciación. Palabras sin duda superfluas, pero cuya ausencia restaría calidad a la relación al reducir el lenguaje a un instrumento puramente utilitario[38].

«Los habladores son los hombres más discretos: hablan para no decir nada», decía Voltaire.

---

[38] Breton – Le Breton, *Le silence et la parole.*

II
El silencio comunicativo
en las grandes religiones

El silencio es un lenguaje y una actitud. Dios habla al hombre en el silencio. Asimismo, el ser humano escucha la voz de Dios en el silencio. «El silencio es un camino para la relación del hombre con Dios»[1], dice José F. Moratiel. Por esta razón, las religiones otorgan gran importancia al silencio porque lo consideran fundamental para el diálogo y el encuentro con Dios a través de la oración, independientemente de la forma de la misma. «Necesitamos encontrar a Dios y Él no se encuentra entre el ruido y la intranquilidad. Dios es amigo del silencio», decía la madre Teresa de Calcuta.

Sin embargo, el silencio del hombre no es solo un acto de callar o de alejarse del ruido, sino más bien una experiencia mística o una actitud interior

---

[1] J. F. Moratiel, *Conversando desde el silencio* (3.ª ed.; Madrid: San Pablo, 1994), 25.

donde las palabras no bastan y el lenguaje se queda corto para expresar lo que uno vive dentro de sí en esta experiencia de diálogo con el Supremo. Ha sido, de hecho, la experiencia de los místicos en todas las grandes religiones. Se han alejado del entorno del ruido y se han sumergido en el silencio para poder reflexionar, meditar, rezar y escuchar a Dios, quien habla en el silencio. «No se trata de hacer silencio sino de serlo»[2], afirma José F. Moratiel.

Al referirse a la experiencia mística del silencio, el filósofo austriaco Ludwig Wittgenstein habla de «lo inexpresable», es decir, aquello que no es posible expresar con el lenguaje, sino más bien con el silencio. Por eso, el filósofo dirá en el último aforismo contenido en la obra *Tractatus logico-philosophicus*: «De lo que no se puede hablar, hay que callar»[3]. En este contexto, el silencio interior se entiende como un elemento de comunicación que da sentido a nuestras palabras, sentimientos y emociones, y que permite escuchar la voz de Dios que nos habla desde lo más profundo de nuestro corazón. Asimismo, el silencio nos permite acceder al conocimiento de la realidad sobrenatural, invisible a los ojos, y entrar en comunión con ella. Recordemos que comunicar, en su etimología, significa compartir, estar en comunión.

---

[2] Moratiel, *Conversando desde el silencio*, 63.

[3] L. Wittgenstein, *Tractatus logico-philosophicus. Investigaciones filosóficas. Sobre la certeza* (Madrid: Gredos, 2009),137.

Así pues, en las religiones, especialmente las monoteístas y semíticas, el acto del silencio comunicativo es un requerimiento y una disciplina que se da a través de ciertas prácticas espirituales, como la meditación o la contemplación, las cuales ayudan a interiorizar, generan una mayor consciencia de uno mismo y posibilitan la conexión con el Supremo. El yoga y la práctica de *mounam* o *mauna* en el hinduismo también representan el silencio con un propósito espiritual. El *kavanah* en el judaísmo permite alcanzar pensamientos contemplativos más elevados. El *bhavana* en el budismo es la contemplación que busca el conocimiento de Dios a través del recogimiento. La adoración como acto silencioso de veneración, los ejercicios espirituales en el catolicismo, etc., son también momentos de interiorización y de oración que experimentan la presencia de Dios y, por lo tanto, favorecen su acercamiento al orante.

El judaísmo

El judaísmo reconoce el valor del silencio e invita a practicarlo, porque «no existe mejor medicina que el silencio»[4], afirma el Talmud.

---

[4] A. Morinis, *Everyday Holiness. The Jewish Spiritual Path of Mussar* (Boston – London: Trumpeter, 2011) 144 [versión online: https://books.google.com.ec/books?id=-1yEL1YUaL1YC&printsec=copyright#v=onepage&q&f=false].

Amy Hirshberg Lederman, columnista, autora, conferenciante, abogada y educadora judía, en una de sus reflexiones espirituales, «Finding meaning in the sound of silence» (Encontrar sentido en el sonido del silencio), afirma que «el judaísmo tiene mucho que enseñarnos sobre la idea del silencio»[5].

En la tradición judía, la sabiduría es una de las virtudes más importantes que toda persona debe adquirir. En el libro de Proverbios 9,10, se dice: «El temor del Señor es el principio de la sabiduría...». Y para el rabino Sh'lomo, la sabiduría se consigue en cinco pasos: el primero es el silencio, el segundo la escucha, el tercero recordar, el cuarto practicar y el quinto enseñar a los demás.

Respecto al silencio, el Talmud cuenta que Simeón, hijo de Gamaliel, solía decir:

Todos mis días los pasé entre los sabios, y descubrí que el silencio es lo más aconsejable [...] y si el silencio es aconsejable para las personas inteligentes, mucho más lo es para los necios. La sabiduría no lleva a hablar mucho, ni hablar mucho lleva a la sabiduría; lo principal es la práctica. Quien mucho habla causa pecado, como está escrito: «En la multitud de palabras no se puede evitar la trans-

---

5 https://azjewishpost.com/2010/finding-meaning-in-the-sound-of-silence/

gresión» (Prov 10,19) [...] «Aun el necio, cuando calla, es tenido por sabio»[6] (Prov 17,28).

En definitiva, en el judaísmo, el silencio es vital no solo para vivir con sentido, sino también para escuchar. De hecho, en el centro de la tradición judía está la declaración más esencial de la fe judía que se encuentra en el Shemá, la plegaria más sagrada del judaísmo: «Escucha». Así comienza el Shemá: «*Shemá Israel, IHVH Elohéinu, IHVH Ejád*» (Escucha Israel, Adonai es nuestro Señor, Adonai es Uno...) [Dt 6,4]. Es solo en el silencio que se puede escuchar la sabiduría de Dios dentro de la persona. Y no hay diálogo o comunicación con Dios sin la escucha en el silencio.

El cristianismo

El silencio no verbal, como actitud que favorece la interacción comunicativa entre Dios y el ser humano, adquiere una importancia fundamental en el cristianismo. De hecho, además de constituir una actitud de recogimiento para la vida interior, es un factor esencial en el diálogo entre Dios y el ser humano en la oración. Jesús nos dice:

Mas tú, cuando ores, entra en tu aposento, y cerrada la puerta, ora a tu Padre que está en secreto;

---

[6] Cf. *Pirkei Avot (Ética de los Padres)* 1,17.

y tu Padre que ve en lo secreto te recompensará en público. Y orando, no uséis vanas repeticiones, como los gentiles, que piensan que por su palabrería serán oídos (Mt 6,6-7).

A lo largo de la historia, Dios ha comunicado con el ser humano de muchas maneras. Dios hace uso de la palabra audible. Tiene un deseo profundo de conectarse con el ser humano y darse a conocer. Hay muchos ejemplos en la Sagrada Escritura: comunica con Adán y Eva en el Jardín del Edén (Gn 3,8-9); habla con Moisés entre la zarza ardiente (Ex 3); los profetas Ezequiel, Jeremías, etc., oyen su voz. En el Nuevo Testamento, Dios habla por medio de su hijo Jesucristo, pero se oye su voz en diferentes circunstancias: en el bautismo de Jesús en el Jordán (Mt 3,16-17), durante la transfiguración de Jesús (Mt 17,5), etc.

Sin embargo, Dios también hace uso del silencio para comunicar. Dios se aparece a Jacob en Betel (Gn 28,10-22); habla a los temores y dudas de Abram con una promesa (Gn 15); habla a los profetas en el sueño. «Él dijo: "Oíd ahora mis palabras: Si entre vosotros hay profeta, yo, el Señor, me manifestaré a él en visión. Hablaré con él en sueños"» (Nm 12,6), etc.

Los evangelios muestran repetidamente a Jesús solo, separado de la multitud, en oración y comunión con su Padre. «Después de despedir a la multitud, subió al monte a solas para orar; y al anochecer, estaba allí solo» (Mt 14,23); «Y después de despedirse de ellos, se fue al monte a orar» (Mc 6,46); «En esos días, Él se fue al monte a orar, y pasó toda la noche en oración a Dios» (Lc 6,12); «Levantándose muy de mañana, cuando todavía estaba oscuro, salió, y se fue a un lugar solitario, y allí oraba» (Mc 1,35). Antes de iniciar su ministerio, el Espíritu Santo lo lleva a pasar cuarenta días a solas en ayuno y oración (Mt 4,1-11). Antes de elegir a sus discípulos, los doce apóstoles, se fue al monte a orar y pasó la noche orando a Dios (Lc 6,12-14). Al enterarse de la muerte de Juan el Bautista, Jesús se apartó de allí, Él solo, en una barca a un lugar desierto (Mt 14,13).

Como se puede ver, en estos pasajes y otros, era habitual para Jesús apartarse de la gente para estar a solas con Dios. El entorno y el ambiente de soledad y silencio eran fundamentales para el desarrollo de la oración de Jesús. El Maestro era consciente de que la mejor manera de comunicarse con su Padre era retirarse en silencio. En algunos episodios, los evangelios presentan el contenido de la oración de Jesús, como cuando enseña a los discípulos cómo rezar (Mt 6,5-15) o en el jardín de Getsemaní, antes de su crucifixión y muerte (Mt 26,42). Sin embargo, en otras ocasiones, los evangelios no mencionan el contenido de la oración. Es probable que fueran oraciones silenciosas, una hipótesis muy aceptable considerando el entorno y las horas en las que se desarrollaban esas oraciones.

Los momentos de silencio, además de facilitar un ambiente de oración en la soledad, fueron momentos sagrados en la vida de Jesús para poder escuchar a su Padre y comunicarse con Él.

El Espíritu Santo comunica en el silencio. No lo vemos. No se toca. Sin embargo, habla al corazón del ser humano. «Pero cuando venga el Espíritu de verdad, él os guiará a toda la verdad; porque no hablará por sí mismo, sino que hablará todo lo que oiga y os hará saber las cosas que han de venir» (Jn 16,13); «Mas el Consolador, el Espíritu Santo, a quien el Padre enviará en mi nombre, él os enseñará todas las cosas, y os recordará todo lo que yo os he dicho» (Jn 14,26); «El que tiene oído, oiga lo que el Espíritu dice a las iglesias...» (Ap 2,7).

El Espíritu Santo, *testigo silencioso de Jesucristo*[7] «habla y actúa en el corazón humano»[8] y produce frutos en aquellos que le obedecen. Estos son: amor, alegría, paz, paciencia, amabilidad, bondad, fidelidad, humildad y dominio propio (Gal 5,22-23).

La oración cristiana, como una forma de comunicarse con Dios, puede ser audible o silenciosa. Di-

---

[7] Expresión utilizada por A. Mark para designar al Espíritu Santo cuando habla del silencio que actúa y habla del Espíritu y de sus acciones en la vida del hombre. Cf. A. Marc, «Le silence», *Revue d'Ascétique et de Mystique* 26 (1950) 292.

[8] A. Benoît, «L'Esprit Saint, maître de silence», *Nouvelle revue théologique* 133/4 (2011) 584-600.

ce el *Catecismo de la Iglesia Católica*: «por medio de palabras, mentales o vocales, nuestra oración toma cuerpo»[9]. No obstante, para que nuestra oración sea escuchada, no hace falta únicamente el uso de palabras. La oración silenciosa en la contemplación, como lo hacía el mismo Maestro, o la meditación de «los misterios de Cristo», como en la *lectio divina*[10], adquieren una importancia singular.

«El silencio es condición esencial de la oración, y la oración es imprescindible para la vida cristiana»[11], afirma el cardenal Robert Sarah. No se puede entender la vida cristiana sin oración y no puede haber oración sin silencio. El cristiano encuentra en el silencio de la oración, en todas sus facetas, un espacio y un ambiente para entrar en relación con Dios, encontrarse con Él, escucharle y comunicarse con Él. En el silencio, Dios habla al corazón del hombre (Os 2,16) y el hombre le escucha en lo más profundo de su corazón.

La vida de oración de los místicos nos enseña el valor del silencio como una disposición interior fundamental para encontrarse con Dios. San Juan de la Cruz habla de «la unión con Dios en el silen-

---

[9] *Catecismo de la Iglesia Católica* 2700.

[10] Ibíd. 2708.

[11] Cardenal R. Sarah – N. Diat, *La fuerza del silencio. Frente a la dictadura del ruido* (Madrid: Palabra, 2019).

cio» que se realiza a través de un diálogo silencioso constante entre el ser humano y Dios, y que eleva al ser humano a una dimensión que trasciende lo cotidiano. Fue la experiencia que vivieron Pedro, Santiago y Juan en el episodio de la transfiguración. Mientras rezaba, Jesús cambia de apariencia. «Sus vestiduras se volvieron de una blancura fulgurante [...] Se formó una nube que les cubrió con su sombra» (Mc 9,2-10). Pedro y sus amigos, testigos de la transfiguración, viven una experiencia *transegoica*[12], una experiencia de presencia intensa y atemporal. Diríamos incluso que estuvieron en éxtasis, «fuera de sí», hasta el punto de «no saber lo que decía», en referencia a Pedro en el texto. Es la experiencia de muchos místicos a lo largo de la historia y de los santos, quienes, a través de la oración silenciosa profunda, lejos del ruido exterior y callando el ruido interior, han conseguido acceder a la realidad divina y oír la voz de Dios.

Santa Teresa de Jesús encuentra su vocación en el silencio. Por eso recomienda a sus hermanas:

Imitar a los santos en procurar soledad y silencio y otras muchas virtudes, que no nos matarán [...] Imitar a los santos para orar y estar en silencio ante Dios para escucharle. Y entonces nos apartamos del ruido, del trajín, de hacer todo a prisa y de

---

[12] Que va más allá de lo personal.

los nervios. Ausentarnos de la vida común para presentarnos a Dios...[13].

Para Santa Teresa, la vida contemplativa fundada en el silencio y la soledad es la esencia de la vida carmelita. A través de ella, toda carmelita vive en presencia de Dios y comunica con Él.

La mística carmelitana es un punto de referencia en la Iglesia y sigue ejerciendo una influencia benéfica en el mundo de hoy, donde, aunque el silencio y la soledad asustan, se percibe la búsqueda de una vida tranquila, lejos del ruido, del estrés, de las prisas; hay una sed de un ambiente que favorezca el silencio donde el ser humano puede escucharse a sí mismo y escuchar la voz de Dios. Un ejemplo de esa sed de silencio es la experiencia de la comunidad de Taizé, una comunidad monástica ecuménica de Francia, fundada por el hermano Roger, a la que acuden decenas de miles de personas al año, en su mayoría jóvenes. Como señala el hermano John de Taizé:

Al contrario de lo que cabría esperar, en un mundo ahogado en el ruido, las generaciones jóvenes se sienten atraídas y desafiadas por el silencio experimentado en un contexto comunitario[14].

---

[13] *Libro de la Vida* 13, 7.

[14] Hermano John de Taizé, «Sed de silencio. La experiencia de Taizé», *Concilium. Revista Internacional de Teología* 363 (2015) 83-93, p. 83.

Así pues, a todos los integrantes de la comunidad se les insiste en mantener el silencio interior. Como exige la regla de la comunidad de Taizé, es importante:

> mantener el silencio interior en todo para morar a Cristo [...] El silencio interior hace posible nuestra conversación con Jesucristo [...] Este silencio es necesario para que comuniques con Cristo[15].

El islam

El islam hace hincapié en la necesidad del silencio e incluso de largos silencios como una de las actitudes fundamentales en la oración ritual. La oración, que es uno de los cinco pilares de la religión, junto con la profesión de fe, la limosna legal (*zakat*), la peregrinación a la Meca y el ayuno del Ramadán, debe realizarse según «un ritual preciso y realizando gestos fijados por la tradición»[16].

La oración islámica es esencialmente una oración de alabanza e invocación, de exaltación y meditación. En cuanto a la meditación, *muraqabah*, el creyente no tiene que decir nada ni hacer nada, simplemente contemplar en silencio la grandeza

---

[15] Taizé, «Sed de silencio», 86.

[16] J. Chelhod, «Les attitudes et les gestes de la prière rituelle dans l'Islam», *Revue de l'histoire des religions* 156/2 (1959) 161-188.

de Dios. Aunque en el Corán se recomienda que la oración se haga en voz moderada, es decir, «ni en voz alta ni en voz baja, entre las dos está el justo equilibrio» [17], la oración con momentos de silencio en medio parece ser la más usual.

En el islam, la meditación adquiere un papel importante en la vida de oración de un musulmán. De hecho, cuentan que fue una práctica muy frecuente en la vida del profeta Mahoma. Se iba muy a menudo a la montaña cercana de La Meca y meditaba en una cueva, buscando en el silencio conocimiento, comprensión y cercanía con Alá. Fue durante estas meditaciones cuando comenzó a recibir las revelaciones del Corán.

Es cierto que «el islam profesa la unidad y la inaccesibilidad de Dios por cualquier medio humano» [18] y por eso «los místicos que desean acercarse a Él por métodos especiales se sitúan al margen de la ortodoxia» [19]. Sin embargo, el silencio sigue siendo la actitud espiritual fundamental para acercarse a Alá.

Así pues, la oración silenciosa o la meditación, que están muy presentes en la tradición musulma-

---

[17] Corán 76 = XVII, 110; cf. 89 = VII, 205, citado por Chelhod, «Les attitudes et les gestes», 161-188.

[18] Le Breton, Sul silenzio, 185

[19] Ibíd.

na, tienen varios propósitos. Entre ellos, se encuentran despejar la mente, aceptar las enseñanzas aprendidas durante el día, acercar a la persona a un contacto más estrecho con Alá, adquirir conocimiento y comprensión de Alá, y comunicarse mejor con Él. El *salat* (una serie de oraciones formales que los musulmanes realizan en cinco momentos específicos del día) y el *tafakkur* (que puede entenderse como contemplación, una forma de meditación en la que la mente se vuelve hacia adentro para examinar y comprender diferentes aspectos de la vida) son algunas formas de estas meditaciones.

El hinduismo

La sabiduría hindú dice que cuando el *sadhak* (buscador) alcanza el estado de no-pensamiento, es decir, el silencio, entonces puede escuchar la voz divina o la voz interior. *Mouna*, palabra sánscrita, es sinónimo de silencio en el hinduismo. La persona que guarda silencio se llama *mouni*. La palabra *mouna* se compone de dos sílabas: «*ma*» y «*na*». *Ma* viene de *manas*, que significa «mente», y *na* procede de *nahi*, que significa «no». *Mouna* significa, por tanto, el estado de no pensar.

En las escrituras sagradas hindúes se destacan cuatro formas de *mouna*: *vak mouna*, que es abstenerse de hablar; *mano mouna*, que es el silencio de la actividad mental; *karana mouna*, que es el silencio de los miembros externos del cuerpo, como manos y pies, y la abstinencia de bichos; y *kasta mouna*, que es la abstinencia de los miembros internos y externos juntos de toda actividad, incluida la mente.

El silencio, como ausencia de pensamiento y palabras, es, por tanto, un estado que eleva a la persona. Como afirman los *Upanishads*, el Dios Absoluto, Brahman, no puede explicarse con palabras, pero se puede obtener conocimiento de Él a través de sus palabras meditadas en silencio. El yoga, como disciplina espiritual, física y mental, es una de las prácticas de meditación que permite entrar en ese silencio.

Sobre el silencio, Swami Sivananda, el fundador del ashram de Rishikesh, dice:

> El silencio es el lenguaje de lo divino. Lo divino es silencio superior. El silencio es divino. El alma es silencio. El silencio es el lenguaje del corazón [...] Mediante el silencio, la energía de la palabra se sublima en energía espiritual [...] En el silencio hay fuerza, sabiduría, paz y dicha [...] El silencio ayuda al Yo a expresarse [...] Guarda silencio y sabrás que tú eres divino[20].

---

[20] Swami Sivananda, *Bliss Divine*, citado por S. Painadath, «La fuerza transformadora del silencio contemplativo», *Concilium, Revista Internacional de Teología* 363 (2015) 35-46.

El budismo

«El Buda mora en el silencio del Sabio, y nunca dijo una sola palabra. Solo el silencio puede expresar la realidad última»[21]. «El mundo del habla es el mundo del engaño», afirman los textos del *Lankā-vatara-sūtra*. El budismo concede una gran importancia al silencio como lenguaje, un silencio heredado del propio Buda.

Se considera el budismo como «una religión ascética o yóguica, fundada en una experiencia (el despertar de Śākyamuni) que se encuentra más allá del lenguaje»[22]. Lo sagrado es algo inexpresable que se encuentra más allá de las palabras y del pensamiento conceptual, y no puede expresarse sino interiorizarse en el silencio. «El pensamiento discursivo nubla la mente y se opone a la liberación espiritual»[23], afirman los textos sagrados budistas.

Para mostrar la importancia del silencio como apoyo en la comunicación no verbal o como acti-

---

[21] S. Montero – M.ª C. Cardete del Olmo (eds.), *Religión y silencio. El silencio en las religiones antiguas* (*'Ilu. Revista de Ciencias de las Religiones*, Anejo XIX; Madrid: Ediciones Complutense, 2007).

[22] J. Arnau, «Lenguaje y silencio en las tradiciones budistas», en Montero – Cardete del Olmo (eds.), *'Ilu. Revista de Ciencias de las Religiones*, 85-105.

[23] Ibíd.

tud necesaria en la meditación o en la práctica de yoga, se habla de «El Noble Silencio». Se considera como la única vía para la verdadera meditación y exige la ausencia de palabras y el silencio de los cinco sentidos para lograr la inmovilidad total durante la meditación. Así, el budista alcanza un estado espiritual elevado y un nivel más profundo de conocimiento de la realidad que nos rodea.

Así pues, la tradición budista insiste en la importancia de aprender a valorar el silencio, no tanto como un espacio vacío que se debe llenar a toda costa, sino como un espacio natural para la escucha. Saber escuchar en silencio a uno mismo, a los demás y a la realidad del entorno. Sin escucha, no puede haber comunicación.

III
Las virtudes del silencio comunicativo

El valor comunicativo del silencio es evidente. Esta cualidad esencial hace que muchas personas opten por el silencio como recurso en sus interacciones, alocuciones o discursos. Además de su inmenso valor comunicativo, el silencio adquiere muchas virtudes que, si se maneja de forma correcta, comunican con mayor eficacia nuestros pensamientos, mensajes y emociones. Por otra parte, embellece nuestro discurso o alocución y lo hace atractivo y vivo.

La elegancia del silencio «comunicativo»

Lo bueno del silencio es que, además de hacerte dueño de tus propias palabras, dice más que las palabras mismas. En ello reside la elegancia del silencio. Me fascinan estas palabras del psicosociólogo y escritor francés Jacques Salomé cuando alaba el silencio:

Las palabras del silencio son palabras muy raras que no se encuentran en ningún libro, que se quedan pegadas en el pecho durante mucho tiempo, que a veces se deslizan por la garganta, pero no llegan a la boca. Las palabras del silencio no están hechas para ser escuchadas con los oídos. Las palabras del silencio se susurran con gestos diminutos y mímica inmóvil, se leen con los ojos cerrados, se escuchan con el corazón, se guardan en lo más profundo, en la dulzura de las emociones[1].

La historia de la humanidad está llena de ejemplos de personas que han marcado la diferencia con sus palabras, pero también de quienes son reconocidos por su elocuente silencio. Hablan a través de su silencio, que transmite el amor, la admiración y el ánimo; conmueve el corazón humano y sigue sonando, sin palabras ni música, en nuestros oídos. Interpelan también con su silencio y hacen que las cosas cambien para bien.

Los silencios elocuentes de Jesús en los evangelios

Cuando se habla de Jesús como comunicador por excelencia, rápidamente pensamos en sus palabras o en sus alocuciones. «Y se admiraban de su

---

[1] J. Salomé, *Contes d'errances, contes d'espérance* (Paris: LGF, 2009).

enseñanza; porque les enseñaba como quien tiene autoridad, y no como los escribas.» (Mc 1,22); «Y todos le daban testimonio, y estaban maravillados de las palabras de gracia que salían de su boca» (Lc 4,22); «Nunca ha hablado un hombre así» (Jn 7,46), etc. Sin embargo, como hemos dicho antes, Jesús hizo también uso de la comunicación no verbal, especialmente el silencio. Sus silencios son elocuentes, lo dicen todo, a veces más que sus palabras.

En distintas situaciones, especialmente en los conflictos y el dolor, Jesús elige el silencio como modo de comunicar. Jesús utiliza el silencio para expresar lo que siente en su interior. Cuando le traen a la mujer adúltera, con su silencio muestra su indignación ante los prejuicios de los sumos sacerdotes. Ante Pilato, grita contra la mentira y la injusticia a través del silencio. Ante la curiosidad malsana de Herodes, responde con el silencio. Ante la muerte de su amigo Lázaro, muestra su tristeza y su dolor con lágrimas silenciosas.

El silencio hablante de Jesús

[54] Entonces le prendieron, se lo llevaron y le hicieron entrar en la casa del Sumo Sacerdote; Pedro le iba siguiendo de lejos.

[55] Habían encendido una hoguera en medio del patio y estaban sentados alrededor; Pedro se sentó entre ellos.

[56] Una criada, al verle sentado junto a la lumbre, se le quedó mirando y dijo: «Este también estaba con él».

[57] Pero él lo negó: «¡Mujer, no le conozco!».

[58] Poco después, otro, viéndole, dijo: «Tú también eres uno de ellos». Pedro dijo: «¡Hombre, no lo soy!».

[59] Pasada como una hora, otro aseguraba: «Cierto que este también estaba con él, pues además es galileo».

[60] Le dijo Pedro: «¡Hombre, no sé de qué hablas!». Y en aquel momento, estando aun hablando, cantó un gallo,

[61] y el Señor se volvió y miró a Pedro, y recordó Pedro las palabras del Señor, cuando le dijo: «Antes que cante hoy el gallo, me habrás negado tres veces».

[62] Y, saliendo fuera, rompió a llorar amargamente.

Lc 22,54-62

Los cuatro evangelios hablan de la triple negación de Pedro (Mt 26,58.69-75; Mc 14,54.66-72; Lc 22,54.62; Jn 18,15-18.25-27). Sin embargo, Lucas es el único evangelista que menciona la mirada de Jesús sobre el apóstol. En Marcos (Mc 14,72) y Mateo (Mt 26,75), solo el canto del gallo permite a Pedro recordar las palabras de Jesús sobre su negación. El movimiento de Jesús, su expresión facial y su silencio le recuerdan a Pedro las palabras del Maestro y lo llevan al arrepentimiento, expresado en su amargo llanto. Jesús comunica con su silencio y su mirada produce una reacción en Pedro. A veces las palabras no bastan para producir efectos en la otra persona. Una simple mirada en silencio puede tener más impacto en la persona que miles de palabras.

El silencio empático de Jesús ante el dolor

[33] Al ver Jesús el llanto de María y de todos los judíos que estaban con ella, su espíritu se conmovió profundamente y se turbó.
[34] Y preguntó: «¿Dónde lo han puesto?». Le contestaron: «Señor, ven a ver».
[35] Y Jesús lloró.
[36] Los judíos decían: «¡Miren cómo lo amaba!».

Jn 11,33-36

Ante la muerte de su querido amigo Lázaro, Jesús no necesita palabras para mostrar su dolor y tristeza. Como cualquier ser humano, Jesús es sensible y le afecta la muerte de su amigo. Expresa sus emociones en el silencio y con lágrimas. Ante la muerte, el sufrimiento o el dolor, no siempre bastan las palabras. A veces, el silencio es el mejor consuelo. Saber acompañar y mostrar empatía en el silencio.

El silencio de Jesús frente a los prejuicios

[2] Pero de madrugada se presentó otra vez en el Templo, y todo el pueblo acudía a él. Entonces se sentó y se puso a enseñarles.
[3] Los escribas y fariseos le llevan una mujer sorprendida en adulterio, la ponen en medio

⁴y le dicen: «Maestro, esta mujer ha sido sorprendida en flagrante adulterio.

⁵Moisés nos mandó en la Ley apedrear a estas mujeres. ¿Tú qué dices?».

⁶Esto lo decían para tentarle, para tener de qué acusarle. Pero Jesús, inclinándose, se puso a escribir con el dedo en la tierra.

⁷Pero, como ellos insistían en preguntarle, se incorporó y les dijo: «Aquel de vosotros que esté sin pecado, que le arroje la primera piedra».

⁸E inclinándose de nuevo, escribía en la tierra.

⁹Ellos, al oír estas palabras, se iban retirando uno tras otro, comenzando por los más viejos; y se quedó solo Jesús con la mujer, que seguía en medio.

¹⁰Incorporándose Jesús le dijo: «Mujer, ¿dónde están? ¿Nadie te ha condenado?».

¹¹Ella respondió: «Nadie, Señor». Jesús le dijo: «Tampoco yo te condeno. Vete, y en adelante no peques más».

Jn 8,2-11

El silencio de Jesús es de indignación frente a los prejuicios de los acusadores de la mujer. Jesús se indigna del trato machista hacia la pobre mujer. Sabe de antemano las intenciones insanas de quienes la acusan. Por eso, no se molesta en discutir con ellos. No hay diálogo con los malvados. Solo le basta el silencio. Jesús les habla con su silencio antes que con cualquier palabra. A veces hay situaciones en las que no hace falta dialogar. «No se dialoga con el diablo», dice el papa Francisco. No hacen falta discursos con las personas tramposas. Podrán incluso usar tus propias palabras contra ti. La única manera de comunicar con ellos es a través del silencio. No es una resignación, sino más bien una estrategia comunicativa y una muestra de fuerza.

El silencio de Jesús frente a la injusticia

[62] Entonces, se levantó el Sumo Sacerdote y le dijo: «¿No respondes nada? ¿Qué es lo que estos atestiguan contra ti?».

[63] Pero Jesús seguía callado. El Sumo Sacerdote le dijo: «Yo te conjuro por Dios vivo que nos digas si tú eres el Cristo, el Hijo de Dios».

Mt 26,62-63

Jesús no comulgaba con las injusticias de su tiempo. En varias ocasiones las denunció con duras palabras. Ante la presión y las falsas acusaciones, Jesús considera que el silencio es la mejor respuesta. Ante un juicio simulado lleno de vicios, Jesús acierta con su estrategia comunicativa: el silencio, nada más que el silencio. Tiene derecho a defenderse, por supuesto, pero ¿para qué fines y, sobre todo, ante acusadores malintencionados? Es una pérdida de tiempo. Al contrario, el silencio de Jesús sorprende, interpela y crea dudas en Pilato, dejándolo ante su propia conciencia. «¿No respondes nada?» Es mejor callar y quedar como un tonto que hablar y no dejar lugar a dudas, dicen.

El silencio de Jesús ante una curiosidad falsa

> [8] al ver a Jesús, Herodes se alegró mucho. Hacía tiempo que deseaba verlo por las cosas que oía de él, y esperaba que Jesús hiciera algún milagro en su presencia.
>
> [9] le hizo, pues, un montón de preguntas. Pero Jesús no contestó nada,
>
> [10] mientras los jefes de los sacerdotes y los maestros de la Ley permanecían frente a él y reiteraban sus acusaciones.
>
> [11] Herodes con su guardia lo trató con desprecio; para burlarse de él lo cubrió con un manto espléndido y lo devolvió a Pilato.

Lc 23,8-11

Jesús no cede a la burla de Herodes, un hombre con una curiosidad fuera de lugar. Jesús prefiere callarse ante las preguntas que no valen la pena, aquellas que buscan menospreciar, burlarse, divertir y satisfacer el propio ego. El silencio de Jesús es un reproche a los chismosos. No se comunica con alguien que no lo tiene en cuenta y, además, busca abusar de él. Un ambiente malsano, lleno de desprecio y burla, no favorece de ninguna manera el diálogo ni la conversación. En tales situaciones, el silencio es la mejor respuesta. Es un silencio reprobatorio.

El silencio meditativo de María

> «María, por su parte, guardaba todas estas cosas y las meditaba en su corazón» (Lc 2,51).

El anuncio del ángel enviado por Dios a María y todos los acontecimientos relacionados con el mismo, como la visita de María a su prima Isabel con el encuentro de Jesús y Juan Bautista en los vientres de sus madres, la aparición del ángel a José en sueños, el nacimiento de Jesús en un pesebre o la visita de los pastores y el homenaje de los magos, habrían sido noticias de actualidad en aquellos días. Si fuera hoy, aparecerían en todos los periódicos del mundo y serían la gran tendencia, el *trending topic* (TT), en la red social X. Por supuesto, María aparecería en todos los medios de comunicación que intentarían entrevistarla. En efecto, fue una gran noticia para la humanidad y lo sigue siendo: el nacimiento de Jesús. Sin embargo, María, figura importante en este gran acontecimiento, porque por ella llegó el Salvador, vivió el evento con la humildad y la sencillez habituales en ella.

El evangelio de Lucas dice que María «guardaba todas estas cosas, y las meditaba en su corazón». María ejerce la virtud del silencio para contemplar y adorar a Dios en su hijo Jesús. En el silencio, María se aparta y deja paso a su hijo, que es el verdadero protagonista. En el silencio, María se pone a la escucha de Dios. Contempla en silencio la obra divina en ella y a través de ella. El silencio de María habla por sí solo. Es un silencio que comienza en el corazón y toca el corazón de Dios. María no necesita palabras para comprender el plan de Dios para la humanidad a través de ella, la pobre sierva; lo medita en silencio.

Al pie de la cruz (Jn 19,25-27), María permanece en silencio. Sufre en silencio y en silencio contempla el dolor de su hijo. No necesita palabras para expresar su dolor, su compasión y su amor por su hijo. Ella elige el lenguaje del silencio, el único que comunica mejor y que habla más que cualquier palabra, especialmente en momentos como esos de dolor y sufrimiento.

El silencio de José de Nazaret

José de Nazaret es una de las figuras más misteriosas de los evangelios, ya que nunca pronunció una palabra y no se le volvió a mencionar durante la vida pública de Jesús. José no habla. No se registra ningún discurso verbal en los evangelios. Sin embargo, lo vemos en situaciones vitales tanto en la vida de María, su esposa, como en la de Jesús, su hijo. Tiene el don del silencio. Habla con su silencio. Su silencio lo dice todo. Alain Corbin lo llama «el patriarca del silencio»[2].

Cuando se entera de que María está embarazada, decide divorciarse de ella en secreto, sin hacer ruido. Podríamos decir que quería hacerlo en si-

---

[2] Corbin, *Histoire du silence*.

lencio absoluto para que nadie se enterara, porque no quería que la mataran a pedradas ni que la deshonraran públicamente. En Belén, cuando los pastores y los magos acudieron a honrar al niño, desapareció en un silencio meditativo. No es el protagonista, sino el niño. Cuando Herodes quiere matar al niño, el ángel se le aparece en sueños. En silencio, obedece las palabras del ángel y huye con María y el niño a Egipto. Cuando Jesús se entretiene con los maestros en el templo de Jerusalén, María y José se angustian por su ausencia. Cuando encuentran al niño, es María quien reprocha a Jesús. José, en cambio, permanece en silencio.

El silencio de José es elocuente. Como afirma Corbin, «José respondía con el silencio a todo lo que le acontecía. Su silencio es el corazón que escucha, la interioridad absoluta. Su silencio es la superación de las palabras»[3]. Algunos exegetas lo denominan «la humildad del silencio»[4].

El silencio elocuente de Job ante el silencio de Dios

Señor, ¿por qué? Esta pregunta seguramente la hemos hecho alguna vez. Si no, la hemos escuchado más de una vez cuando las cosas no salen como uno quiere o ante una situación difícil, como una

---

[3] Corbin, *Histoire du silence*.
[4] Ibíd.

enfermedad, el fallecimiento de un ser querido o cualquier otra desgracia en la vida. A veces tendemos a pensar que Dios nos ha abandonado, al menos los creyentes. Nos preguntamos por el silencio de Dios. «Dios mío, Dios mío, ¿por qué me has abandonado?» (Mt 27,46).

Job, un siervo fiel de Dios, es conocido por las pruebas que padece y su paciencia en esas pruebas. Sin embargo, si hay algo que no se dice mucho de él, es su silencio. Se ve privado de sus posesiones (Job 1,13-17), de sus hijos (Job 1,18-19), de su salud (Job 2,7-8), etc. Sus amigos no son capaces de sobrellevar el misterio de su sufrimiento y lo acusan de ser él mismo el culpable. Ante el silencio de Dios, en su sufrimiento Job pregunta: «¿Por qué?» (Job 13,20-25). No encuentra una respuesta que justifique ese sufrimiento, ya que no tiene debilidades ni pecados (Job 9,2-4.14-22; 16,17).

Hay diferentes formas de actuar ante el dolor o sufrimiento, como el miedo, la resignación, la culpabilidad, la rebeldía, la rendición, la superación o la aceptación. Todos lo hemos experimentado alguna vez de una forma u otra. Lo vivimos o lo expresamos verbalmente o en silencio. Para Job, el silencio es una expresión natural del dolor. Como dice Stefan Fischer, «su silencio forma parte de la escena de lamento y luto ritual»[5] (Job 2,13).

---

[5] S. Fischer, «Silence and silencing in the book of job», *Usuteaduslik Ajakiri* 77 (2020) 67-93 [https://usuteadus.ee/

El silencio de Dios es un lenguaje que va más allá de las palabras. «Préstame atención, Job, escúchame; guarda silencio, que quiero hablar» (Job 33,31). Job acepta el silencio de Dios y se hace partícipe del mismo: «Si alguien tiene de qué acusarme, yo guardaré silencio y moriré» (Job 13,19). Como dice Roberto Gerardo Flores, «Job es un claro arquetipo del hombre que sabe guardar silencio a la espera de escuchar en su interior a Yahvé»[6]. El silencio de Job, como diría José Moratiel, «desemboca en la presencia del Señor y tuvo respuesta»[7]. Job, con su paciencia y su silencio, supo interpretar el silencio de Dios durante las pruebas que padeció. Solo en el silencio se puede escuchar y entender el mensaje de Dios.

El silencio en la vida interior

La sensación de vacío interior que genera una sequedad interior es humana. La hemos experimentado, la experimentamos y la experimentaremos en algún momento futuro de la vida. Muchas razo-

---

wp-content/uploads/2020_1%20(77)/UA-2020_1_Fischer.pdf?_t=1617208043].

[6] R. G. Flores Olague, «El silencio: recinto de lo sagrado en tres religiones orientales», *RAPHISA* 6/1 (2022) 7-31 [doi: 10.24310/Raphisa. 2022.v7i1.14552].

[7] Moratiel, *Conversando desde el silencio*, 72.

nes podrían justificar esa situación, tales como la inseguridad de uno mismo, los conflictos internos, la búsqueda insaciable del placer, la insatisfacción en la vida, el sentimiento de culpa o el miedo al silencio del que hemos hablado antes. Muchas veces intentamos llenar ese vacío con cosas que nunca remedian la situación. Entonces, huimos del silencio para no mirarnos a nosotros mismos y tratamos de llenar ese vacío con el ruido interno y externo, el ruido de las personas y de los medios de comunicación o estando conectados a la tecnología todo el día.

Una vez, en una de las parroquias donde estuve, organizamos una salida con el grupo de Jóvenes Pro (un grupo compuesto por jóvenes profesionales entre 24 y 30 años). Fue una salida de unos días a una casa rural fuera de la ciudad. Queríamos aprovechar el fin de semana para salir de nuestro entorno habitual, del ruido de la ciudad y aprovechar el silencio de la naturaleza para conectar con nosotros mismos y rezar. Uno de los jóvenes, por olvido, había dejado su teléfono en casa. Se dio cuenta justo cuando quería hacer una foto del lugar donde estábamos. Ahora bien, la cuestión era cómo aguantaría tres días sin teléfono, sin TikTok, sin Reels, sin WhatsApp. No fue fácil.

Sin embargo, después del primer día, se dio cuenta de que era posible vivir unos días sin teléfono, sin WhatsApp, sin TikTok, etc. Lo positivo de ello fue que supo aprovechar los tres días para conectarse consigo mismo en silencio. Fue uno de los que más disfrutó de la estancia. Luego me dijo que nunca había tenido una experiencia como aquella de paz interior, de oración silenciosa, de escucha a uno mismo y de escucha a Dios.

En un mundo hiperconectado, estresante y absorbido por el ruido tanto exterior como interior, se hace evidente la necesidad de la búsqueda de la paz y la tranquilidad interior. No en vano el yoga y otras prácticas de meditación se han vuelto populares en los últimos años. Aunque el yoga puede parecer una novedad, su práctica está muy extendida desde hace décadas. Y mucho antes del yoga, los ermitaños del desierto practicaban la meditación cristiana, que siempre se ha utilizado en la Iglesia católica como forma de oración para buscar la unión y la comunicación con Dios[8]. De hecho, es una de las prácticas de oración que recomienda san Ignacio de Loyola en sus ejercicios espirituales.

Según los expertos, en muchos países desarrollados y en las grandes ciudades del mundo, se registran cada vez más casos de ansiedad y depresión. Para fortalecer el cuerpo, relajar y calmar la mente, aumentar la energía positiva y levantar el espíritu, cada vez más personas acuden al deporte y a

---

[8] Cf. Congregación para la Doctrina de Fe: *Carta a los obispos de la Iglesia católica sobre algunos aspectos de la meditación cristiana*, 15 de octubre de 1989.

las prácticas tradicionales de meditación. «El re-descubrimiento del valor del silencio es uno de los secretos para la práctica de la contemplación y la meditación», decía el papa Juan Pablo II en la Carta Apostólica *Rosarium Virginis Mariae*[9].

Existe siempre una necesidad humana de reencontrarse con uno mismo en «una especie de jardín secreto de sí mismo, en su universo personal, en un espacio sin lugar donde la persona se ve a sí misma en su desnudez fundamental»[10] y donde experimenta la escucha del espíritu dentro de él o ella. Para los creyentes, ese Espíritu que nos habla desde dentro en el silencio es Dios. Como afirma Kankyo Tannier, «un minuto de silencio en nuestros ajetreados días es como ese pequeño y divertido desvío de la monótona carretera recta; puede cambiar el tono de todo el día»[11].

Así ha sido la vida de tantos hombres y mujeres a lo largo de la historia en busca del conocimiento del «yo» y del supremo, a veces contra viento y marea, como en el caso de san Agustín de Hipona, que decía:

---

[9] *Rosarium Virginis Mariae* 31.

[10] Breton – Le Breton, *Le silence et la parole*.

[11] K. Tannier, *The Gift of Silence: Finding peace in a world full of noise* (London: Hodder & Stoughton, 2018)

¡Tarde te amé, belleza tan antigua y nueva, tarde te amé! (*sero te amavi...*). Y he aquí que tú estabas dentro de mí y yo fuera, y por fuera te andaba buscando; y deforme como era, me lanzaba sobre las bellezas de tus criaturas. Tú estabas conmigo, pero yo no estaba contigo. Me retenían alejado de ti aquellas realidades que, si no estuviesen en ti, no serían. Llamaste y clamaste, y rompiste mi sordera; brillaste y resplandeciste, y ahuyentaste mi ceguera; exhalaste tu fragancia y respiré, y ya suspiro por ti; gusté de ti, y siento hambre y sed; me tocaste, y me abrasé en tu paz[12].

En el esfuerzo por alcanzar la unión plena con Dios, los místicos siempre han concedido gran importancia al silencio interior en su vida espiritual. Santa Teresa de Jesús consideraba el silencio como el momento incuestionable para el diálogo y el encuentro con Dios en el Carmelo. Esto dice Teresa a sus monjas:

Dice en la primera regla nuestra que oremos sin cesar. Con que se haga esto con todo el cuidado que pudiéremos, que es lo más importante, no se dejarán de cumplir los ayunos y disciplinas y silencio que manda la Orden; porque ya sabéis que para ser la oración verdadera se ha de ayudar con esto, que regalo y oración no se compadece[13].

---

[12] *Confesiones*, libro 10, capítulo XXVII, 38.

[13] *Camino de Perfección* 4, 2

Y más adelante añade: «No guardamos unas cosas muy bajas de la Regla —como el silencio, que no nos ha de hacer mal—»[14]. Para san Juan de la Cruz, el silencio es una necesidad, el momento privilegiado en la oración para oír a Dios y unirse con Él. San Ignacio de Loyola, en sus ejercicios espirituales, insiste en buscar el silencio para escuchar la voz de Dios.

La madre Teresa amaba el silencio y lo exigía a sus hermanas como medio para escuchar a Dios. «Necesitamos encontrar a Dios y Él no se encuentra entre el ruido y la intranquilidad. Dios es el amigo del silencio», decía. Y agregaba:

> Escuchemos en silencio, porque si el corazón está lleno de otras cosas no podemos oír la voz de Dios. Pero cuando se ha escuchado la voz de Dios en la calma de nuestro corazón, entonces nuestro corazón se llena de Dios. Entonces podemos oír a Dios por todas partes: en el cerrar de una puerta, en la persona que necesita de nosotros, en los pájaros que cantan, en las flores, los animales —ese silencio que es maravilla y es elogio—.

Arnold Janssen, fundador de la Sociedad del Verbo Divino (SVD), encuentra en el silencio un medio para conocer la voluntad de Dios. Los inicios de la Congregación no fueron fáciles para Jans-

---

[14] *Camino de perfección* 10, 6.

sen, al no tener suficientes medios económicos para comenzar una casa misionera y por la oposición de algunas personas que no lo veían como la persona adecuada para empezar una obra misionera como aquella. Sin embargo, confió en la providencia.

El P. Arnold Janssen insistía en guardar los tiempos de silencio prescritos y quería que sus casas de misión fueran oasis de recogimiento y paz, especialmente por las tardes. Los tiempos de silencio debían realzar el espíritu religioso. Janssen lo tenía claro: una vida interior bien cuidada nos hace más fuertes como personas y como religiosos y misioneros. Por eso instituía el silencio como medio para cuidar esa vida interior.

Hay que domar la lengua observando el silencio. Por lo tanto, no se permiten visitas innecesarias a las habitaciones, y la conversación solo se permite en los períodos libres. Los novicios deben mezclarse con los demás miembros de la casa solo los miércoles por la tarde[15].

Para mostrar la importancia que Janssen daba al silencio como una forma de comunicación imprescindible para la comunidad, muchas de las imprentas y editoriales de la Congregación fueron puestas bajo la protección particular de san José porque, se-

---

[15] A. Janssen, *The Statutes of the Mission House of 1876*, n.º 15.

gún Janssen, en el silencio y la diligencia de san José está el secreto de la palabra impresa eficaz.

Como afirma Thich Nhat Hanh, el silencio interior «es esencial para poder oír la llamada de la belleza y responder a ella»[16]. Si estamos constantemente en el ruido, tanto por dentro como por fuera, como dice Thich Nhat Hanh, «no oiremos la llamada de la belleza»[17]. No podemos oír la voz de nuestro subconsciente que nos habla, no podremos conectar con nosotros mismos y tampoco podremos conectar con el Creador que comunica desde el silencio.

Desde las distintas espiritualidades, cristianas y no cristianas, se ofrecen técnicas para alcanzar el silencio interior. Todas concuerdan en que la práctica del silencio interior es ante todo un ejercicio mental. Por lo tanto, es necesario disponer la mente y la voluntad para ello. Es cuestión de dedicarle tiempo cada día, sacrificando un tiempo de televisión, internet o redes sociales. Luego, hay elementos que favorecen esa práctica, tales como:

La postura: hace falta una buena postura del cuerpo que permita la relajación. Arrodillado o sentado, sea cual sea la elegida, se debe mantener una buena posición sin tensión.

---

[16] Thich Nhat Hanh: *Silencio.*

[17] Ibíd.

El espacio: es bueno que sea un lugar adecuado para este ejercicio, es decir, un lugar que favorezca el silencio exterior.

La respiración: inspirar y espirar profundamente al inicio.

La distancia: distanciarse poco a poco de nuestra rutina, de nuestras actividades, del mundo que nos rodea, etc.

El momento: elegir el mejor momento del día. Se recomienda la noche antes de dormir y temprano por la mañana después de levantarse.

El tiempo: 20 a 30 minutos.

La constancia: es bueno ser constante. Al principio, quizá se logren solo pequeños instantes de silencio, pero no hay que preocuparse. Con constancia se logran grandes éxitos.

Durante la Audiencia General de los miércoles en 2012, centrada en las catequesis dedicadas a la oración de Jesús, el papa Benedicto XVI aludió a la importancia del silencio interior en la vida humana. Para los que vivimos en la época del «ruido», afirma el Papa, «desconectarse de vez en cuando y concederse algunos momentos de silencio es indispensable para ir a la raíz que sustenta y alimenta la vida»[18].

---

[18] Benedicto XVI, *Audiencia general: Oración y silencio: Jesús maestro de oración*, 7 de marzo de 2012.

El silencio interior, que es un ingrediente esencial para la calidad de nuestra vida interior, además de favorecer la comunicación consigo mismo, con los demás y con Dios, transmite la paz y mejora la calidad de la vida misma.

El silencio del peregrino

Vivimos en un mundo frenético, por lo que cada pequeño momento o espacio de silencio es bueno para nuestra salud mental y espiritual. Para mí, el Camino de Santiago fue una experiencia memorable en las dos ocasiones en las que lo recorrí. Me resistí varias veces antes de hacerlo, porque me decía que no había nada nuevo en esta ruta después de haber caminado largas distancias durante mi infancia debido a la dificultad del transporte en la zona donde nací. Claro, las motivaciones no son las mismas.

Quise hacer ese camino solo y en soledad. Dicen que el camino que se hace acompañado se hace corto y llevadero, y si se está bien acompañado, mejor aún. Es verdad, pero al hacerlo solo se aprovecha mejor en todos los sentidos. Los primeros días del camino, casi renuncié. Me sentía solo. Hacía largas distancias sin hablar con nadie. Apenas saludaba a las personas que me cruzaba en el camino y tenía unas cortas conversaciones con los demás peregrinos en el albergue. A medida que pasaba el tiempo, me acostumbré a mi situación y, al ver a otros peregrinos solos, me reconfortó saber que no era el único que hacía el viaje en solitario.

Poco a poco empecé a disfrutar del silencio del camino. Es el único momento de mi vida en el que he guardado tanto silencio. Fue para mí una escuela del silencio, donde me perdí en los pensamientos, a veces profundos. Pero fue un momento de descubrimiento intenso de Dios y de mí mismo a través de la escucha honda y silenciosa. Acabé disfrutando tanto de la experiencia que, dos años después, decidí volver a hacerlo. Espero escribir una novela algún día sobre esa experiencia de peregrinación silenciosa, como Paulo Coelho en *El Peregrino de Compostela*.

Pero entre las vacilaciones, las dudas, la soledad y el cansancio, aprendí una lección que me sigue ayudando: las grandes decisiones de la vida se meditan, se disciernen y se toman en silencio. Es a través de ese silencio como realmente te comunicas contigo mismo, pero también con Dios, quien te habla desde tu interior. Como dice Marcelo Abadi, Dios es «el amigo callado que te acompaña, anima tu caminata [...] Con su presencia muda te dice que comprende lo que tienes dentro» [19].

_____

[19] M. N. Abadi, *Observaciones sobre el silencio*, 31.

Después de dos peregrinaciones en silencio, entendí y aprendí del silencio de mi padre (¡en paz descanse!). Mi padre, que hablaba poco, me decía siempre: «Solo en el silencio comprendes mejor el mundo porque escuchas mejor que nadie. Dios hizo todo primero en el silencio y lo hizo bien». Es la sabiduría del hombre silencioso que nos enseñó a mí, a mi hermano y a mis hermanas. Por lo menos, intento seguir sus enseñanzas.

Silencio para escucha mejor

Hablamos de una escucha que capacita una comunicación auténtica y profunda entre las personas. Para ello se requiere empatía, es decir, centrar la atención en la otra persona; la comprensión, escuchar sin prejuicios y estar abierto a aprender algo; el espíritu crítico, escuchar para formar una opinión crítica; y la apreciación, mostrar interés mientras se escucha al otro. Se puede alargar la lista. Al fin y al cabo, todos esos tipos de escucha se complementan y forman parte de lo que llamamos la escucha efectiva y activa.

El otro día una amiga me decía que le disgustaban los programas de tertulias en la televisión. «Todos hablan al mismo tiempo y a veces a gritos», explicaba. De hecho, las tertulias en muchos programas de radio o televisión se han convertido en un *show* mediático, en un espectáculo. No importa lo que el otro dice, lo que importa es lo que yo digo y la opinión correcta es la mía. Desgraciadamente, lo que vemos en las tertulias lo vivimos en las familias, en las escuelas, en las instituciones, etc.

«¡Por favor, silencio!» Hemos oído esta frase repetidas veces de los periodistas que moderan los debates o las tertulias, de los maestros en los colegios, de los padres en las familias, en las asambleas, etc. A veces me sorprende ver, incluso en grandes asambleas como las sesiones parlamentarias, que se ruegue silencio una y otra vez. El ruido, sea cual sea la forma, puede ser una verdadera pesadilla tanto para la persona que tiene la palabra como para los que escuchan. Asimismo, la comunicación paralela en un aula, es decir, hablar al mismo tiempo que la persona que tiene la palabra, puede ser molesta.

En el modelo de comunicación de Shannon y Weaver, el ruido es un perturbador que altera en diverso grado la comunicación entre el transmisor o el emisor y el receptor. Ese ruido, que se llama ruido de interferencia, perjudica la condición de escucha del receptor y distorsiona asimismo el mensaje. En esas condiciones, la solución para decodificar mejor el código que se emite y permitir un buen entendimiento por parte del receptor es el silencio.

La escucha, como afirma el papa Francisco, es «decisiva en la gramática de la comunicación y es condición para un diálogo auténtico»[20]. Y la verdadera escucha se alimenta del silencio. Para el Pontífice, «la primera escucha que hay que redescubrir cuando se busca una comunicación verdadera es la escucha de sí mismo»[21]. De manera general, a las personas que no saben escucharse a sí mismas, les cuesta también escuchar a los demás. Seguramente, alguna vez hemos oído a alguien dar un discurso, y nos hemos preguntado cómo es posible que siga hablando de esa manera, o que diga barbaridades sin darse cuenta. Al final, notas que no se está escuchando a sí mismo. Por eso, un buen orador es un buen escuchador, primero de sí mismo y luego de los demás. En una alocución, la escucha se consigue a través de pequeños silencios o pausas.

«Escuchar es el primer e indispensable ingrediente del diálogo y de la buena comunicación. No se comunica si antes no se ha escuchado»[22] afirma el papa Francisco. Sin silencio, es difícil escuchar a la otra persona. Me acuerdo del viejo proverbio que me citaba siempre mi padre: «Dios nos dio dos orejas y una sola boca para que podamos escuchar

---

[20] Mensaje del Santo Padre Francisco para la 56.ª Jornada Mundial de las Comunicaciones Sociales: «Escuchar con los oídos del corazón», 22 de enero de 2022.

[21] Ibíd.

[22] Ibíd.

el doble de lo que hablamos». Sobre la fraternidad y la amistad social, en su carta encíclica *Fratelli Tutti*, el papa Francisco nos dice:

> El sentarse a escuchar a otro, característico de un encuentro humano, es un paradigma de actitud receptiva, de quien supera el narcisismo y recibe al otro, le presta atención [...] Al desaparecer el silencio y la escucha, se pone en riesgo esta estructura básica de una sabia comunicación humana.[23].

Cuantas veces hemos perdido el tiempo al discutir sobre un punto de vista sin darnos cuenta de que en realidad estamos diciendo la misma cosa, pero parece como si estuviéramos a 180 grados de distancia porque simplemente no escuchamos. La escucha activa silenciosa alimenta la atención. Es una virtud y «es una expresión de sabiduría»[24], de aprendizaje y de respeto. De hecho, la persona que escucha atentamente y en silencio a la otra persona que habla adquiere no solo una comprensión del mensaje, sino también un sentido de lo que se está diciendo, además de mostrar respeto hacía el interlocutor. Y cuando uno respeta, en principios e gana el mismo respeto. La escucha atenta y comprensiva

---

[23] Papa Francisco, *Fratelli Tutti. Sobre la fraternidad y la amistad social*, 48.

[24] K. Gagliano, *El arte del silencio. Cuando el consuelo habla sin palabras* (autoeditado, 2024).

se llama empatía que es también una virtud requerida en una conversación o diálogo. Y los filósofos dicen que el silencio es ante todo una ética de la palabra. La ética nos dice que no hablemos por hablar, que escuchemos a los demás antes de expresarnos, que intentemos comprender antes de juzgar.

Existen varias definiciones de la palabra «empatía», pero todas apuntan a lo mismo: comprender al otro, entender al otro, ponerse en los zapatos del otro, ponerse en el lugar del otro, entender los sentimientos del otro, sintonizar con las emociones y experiencias del otro, entre otras. En cuanto a la compasión, como afirma Raphael Goulart, «es la capacidad de sentir con la otra persona, de conmoverse por su sufrimiento y querer aliviarlo»[25]. «Sed compasivos, como también vuestro Padre es compasivo», dice Jesús (Lc 6,36).

El silencio como forma de comunicación necesita de la empatía y de la compasión. Sentir lo que sienten los demás, sentir con los demás, se hace tanto o más importante que el autoconocimiento. El silencio, junto a la empatía y la compasión, escucha lo que no se está diciendo. Es una escucha activa desde el corazón y la participación en el problema del otro, pero desde el silencio.

---

[25] R. Goulart, *El Silencio que Habla: Cómo desarrollar la escucha activa y mejorar la comunicación* (autoeditado, 2024).

Prestar atención al otro que te habla, sin prejuicios y poniéndose en su lugar, contribuye a una verdadera comunicación. La persona que escucha con empatía se vuelca por completo hacia la persona que le habla. Con un lenguaje verbal o no verbal demuestra que entiende mejor las emociones y los sentimientos de su interlocutor. En una conversación, la empatía puede manifestarse a través de las palabras, es decir, parafraseando o repitiendo de vez en cuando las palabras del interlocutor. Puede ser también mediante el lenguaje del cuerpo, es decir, a través de los gestos o la actitud corporal. No obstante, el silencio empático y compasivo puede ser más eficaz aún que las palabras en algunas circunstancias.

Durante mis años como capellán de la comunidad africana en la diócesis de Madrid, lo más frustrante para mí fue no poder solucionar todos los problemas de la gente. Me tocó escuchar historias duras, de dolor y de sufrimiento de muchas personas. Me acuerdo de las palabras de una señora diciéndome: «Sé que es difícil encontrar soluciones a todos mis problemas, pero solo necesito alguien que me escuche». Sentir lo que siente el otro, sentir con el otro en silencio se hace, a veces, más importante que mil palabras que podamos decir al otro. El silencio de una madre en vela junto a su hijo enfermo vale más que mil palabras. María, al pie de la cruz, en silencio, acompaña a su hijo en su dolor.

Es fácil utilizar palabras bonitas de consuelo por el fallecimiento o por cualquier otra desgracia en la vida. La gente las aprecia, por supuesto, pero a veces las palabras se quedan cortas. Sin embargo, acompañar con el silencio puede llegar más lejos. «Vale más el silencio que mil palabras», reiteramos.

El silencio empático y compasivo es una manera de comunicar nuestra empatía con nuestro interlocutor, especialmente en una situación de dolor. Se oye al otro desde el corazón y, mediante la empatía, tratamos de ponernos en su lugar, en el estado mental que vive en ese momento. En una circunstancia de duelo, por ejemplo, a veces es mejor el silencio y un abrazo que mil palabras sin sentido.

Conversar desde el silencio

Estamos hablando de todo tipo de conversaciones, desde la conversación cara a cara o en persona hasta la conversación escrita, sonora y virtual. De manera sencilla, conversar es un escenario comunicativo en el que una persona habla con otra sobre algo, alternando los turnos de palabra. Para que una conversación sea efectiva, se deben respetar las reglas del juego. Una de ellas es el respeto del turno conversacional. Es decir, cuando una persona habla (el emisor), la otra parte (el receptor) debe callarse. Luego se intercambian los papeles de emisor y receptor siguiendo la misma regla del juego. Y así, la conversación se hace fluida y productiva.

«*We had talk enough, but no conversation*» (Hablamos bastante, pero no conversamos), decía el poeta, ensayista, biógrafo, crítico literario y lexicógrafo inglés Samuel Johnson. No nos faltan medios para comunicar y conversar en el siglo XXI. Los medios para conectar y conversar, además de los tradicionales, sobran. Sin embargo, la calidad de la mayoría de nuestras conversaciones deja mucho que desear. «Cada vez nos entendemos peor, en las familias, en el lugar del trabajo, en las reuniones», me decía hace poco una madre de familia. «Hablamos al mismo tiempo, nadie escucha a nadie, hablamos, pero no dialogamos», añadió.

«¿Por qué no te callas?» Es la famosa frase del rey emérito de España, Juan Carlos I, dirigiéndose al entonces presidente de Venezuela, Hugo Chávez, quien con interrupciones repetitivas no dejaba hablar a la persona que tenía la palabra en ese momento. De hecho, desgraciadamente, es una mala estrategia comunicativa para impedir que la comunicación sea fluida y entendida. Al interrumpir la conversación una y otra vez, hay riesgo de perder el hilo de las discusiones o las conversaciones.

Me gusta el respeto del turno de la palabra en el teatro. De hecho, en muchas escuelas se usa el teatro como recurso para desarrollar la comunicación, no solo verbal, de los niños, sino también la no verbal, como el silencio. Los niños aprenden, entre otras cosas, a callar cuando la otra persona está hablando. Refiriéndose a la relación entre la palabra y el silencio, Benedicto XVI afirma que son:

> dos momentos de la comunicación que deben equilibrarse, alternarse e integrarse para obtener un auténtico diálogo y una profunda cercanía entre las personas[26].

Ahora bien, no es lo mismo callar que no decir nada. Un silencio inerte o vacío no aporta nada a la conversación. Se convierte incluso en ruido y puede distorsionar la comunicación. Sin embargo, como afirma Dinouart, un silencio activo, como parte inseparable de la retórica, un silencio gestionado con audacia para expresar lo que realmente queremos expresar y para conseguir el efecto deseado en nuestro interlocutor, es ese «silencio comunicativo» necesario e importante en una conversación humana. Además de favorecer la escucha, ese «Silencio» en mayúsculas potencia la atención y el interés en la conversación. «En la vida se disfruta con la comunicación, con el encuentro, con el diálogo. El silencio debe formar parte de esta relación», decía José F. Moratiel, un fraile dominico, teólogo y escritor, fundador de la Escuela del Silencio. Se trata del silencio con una atención plena que ayuda a mantenerse presente y enfocado en la

---

[26] Mensaje del Santo Padre Benedicto XVI para la XLVI Jornada Mundial de las Comunicaciones Sociales.

conversación, «sin dejarse llevar por distracciones o pensamientos irrelevantes»[27].

El silencio en situaciones de conflicto

«El lenguaje es fuente de malentendidos», decía el zorro en la obra *El Principito*. En las conversaciones, de manera general, las fuertes discusiones suelen provenir de una cuestión o un pensamiento mal expresados, o mal entendidos, o ambas cosas. Y las fuertes discusiones pueden derivar en graves conflictos. No olvidemos que la comunicación no es solo lo que el emisor dice, sino también lo que el receptor comprende y lo no dicho. Por eso, hay que prestar atención al *feedback* del mensaje por parte del receptor y a los detalles en el desarrollo de la comunicación. «El diablo siempre está en los detalles», se dice. Por otra parte, hay personas que no saben hablar a pesar de tener buenas ideas y a veces se dan cuenta de ello; cada palabra que sale es solo como humo.

La conversación implica siempre a dos o más personas. Por lo tanto, la responsabilidad para conseguir una comunicación fructífera, eficaz y sana incumbe a todas las partes implicadas. De igual modo, es la responsabilidad de todas las partes evi-

---

[27] A. Jaimez, *El poder del silencio en la comunicación efectiva* (autoeditado, 2023).

tar que la conversación desemboque en conflicto debido a malentendidos o incomprensiones o incluso por un aberrante uso de la comunicación. Cuentan que, para evitar las peleas con su marido, que era de temperamento violento, ante sus arrebatos, santa Mónica, la madre de san Agustín de Hipona, optaba por callarse y enfrentarse a él en total silencio. Esta actitud irritaba aún más al marido, pero ponía fin prematuramente al intercambio y restablecía la calma. Esa es la virtud del silencio en una situación conflictiva. Mónica nunca se había considerado cobarde por guardar silencio ante las palabras tan provocadoras e incendiarias de su marido.

El silencio no es una actitud de cobardía o de resignación, sino más bien una virtud en situaciones conflictivas. El silencio de santa Mónica fue un silencio expresivo, como diría Dinouart, un silencio que dice mucho y «se vuelve una lección para el imprudente»[28] y el arrogante. «Las palabras son plata, pero el silencio es oro», se dice. Es mejor callar para que las palabras que salgan de nuestra boca no causen más problemas, aunque sean inteligentes. Ludwig Wittgenstein, en la célebre sentencia séptima del *Tractatus Logico-Philosophicus*, afirmaba: «De lo que no se puede hablar, hay que callar». La magia del silencio para evitar

---

[28] Abbé Dinouart, *L'art de se taire, principalement en matière de religion* (Paris: G. Desprez, 1771), 52.

los conflictos es, como afirma Antonio Jaimez, «permitir que ambas partes en un conflicto se detengan y reflexionen antes de reaccionar de forma impulsiva»[29].

Del mismo modo Jaimez comenta que «la comunicación no violenta se utiliza para resolver conflictos de manera pacífica y satisfactoria para todas las partes involucradas»[30], y que el silencio es un importante elemento comunicativo y un recurso para «crear un espacio para escuchar y comprender las necesidades y emociones de los demás»[31].

El uso del silencio en la reflexión y la observación

En la Iglesia católica existen diversos métodos meditativos y contemplativos de la Palabra de Dios. Uno de ellos es la *lectio divina* [32] que se hace de varias maneras; por ejemplo, siguiendo los cuatro pa-

---

[29] Jaimez, *El poder del silencio.*

[30] Ibíd.

[31] Ibíd.

[32] *Lectio divina* es un método de meditación basado en la celebración litúrgica que hunde sus raíces en antiguas comunidades monásticas. Era un método que practicaban los monjes en sus encuentros diarios con la Escritura, bien cuando se preparaban para la Eucaristía, bien cuando oraban la Liturgia de las Horas.

sos: leer, meditar, rezar y actuar. El primer paso consiste en leer el texto del Evangelio que se ha escogido. Como en cada proclamación de la palabra de Dios, los oyentes deben escuchar en silencio. El segundo paso es la meditación del texto escuchado, en silencio. Aquí se reflexiona sobre el texto: ¿qué me dice el texto a mí? El tercer paso es la oración que se hace partiendo del texto y de la reflexión personal. El último paso es la acción. Es decir, el resultado de la oración que mueve a actuar.

Como podemos ver, el silencio es fundamental a lo largo de este ejercicio espiritual y mental, tanto en la escucha profunda de la palabra como en la meditación y en la reflexión. De hecho, es un momento importante en el que la persona se comunica con Dios, escucha su voz en silencio y responde. Tanto en la relación con Dios como con los demás, el silencio es fundamental para sintonizar con lo que dicen y reflexionar sobre ello antes de dar una respuesta.

En cuanto a la observación, Antonio Jaimez asegura que «el poder de la observación silenciosa en las interacciones sociales»[33] es indiscutible, porque no solo mejora nuestra comunicación, sino también nuestras relaciones con los demás. «Al desarrollar nuestras habilidades de observación,

---

[33] Jaimez, *El poder del silencio.*

podemos comprender mejor las emociones, necesidades y perspectivas de los demás»[34].

Está probado que las personas que disfrutan más y aprenden mejor las culturas y las lenguas de otros cuando viajan al extranjero son las que, entre otras cosas (apertura, tolerancia, ganas, etc.), saben observar silenciosamente. La observación silenciosa permite estar atentos a la persona que tenemos enfrente, ver lo que ocurre alrededor de nosotros, escuchar y entender el lenguaje verbal y no verbal de los demás, etc.

Arnoldo Janssen, el fundador de los Misioneros del Verbo Divino, era consciente de los desafíos de la vida intercultural y de la tentación de juzgar otras culturas a partir del criterio de la propia. Por eso, instó a los misioneros que llegaban por vez primera a la tierra de misión a observar antes que nada. Para él, era una actitud fundamental al entrar en una nueva cultura que ayuda a aprender. Observar en silencio, sin prejuicios. En una de las cartas que le escribe a un misionero dice:

> Mientras tanto, debes aprender a controlar tu verdadero celo y a actuar con más cautela. Así todo irá mejor después. La primera tarea es aprender

---

[34] Jaimez, *El poder del silencio.*

bien el idioma y las condiciones locales, y luego trabajar con calma[35].

Acercarse a una cultura diferente de la suya requiere una cierta actitud que podría resumirse en dos palabras: observación silenciosa y humildad. La regla básica para quien llega por primera vez a una cultura que no conoce es la observación. Para mejorar la habilidad de observación silenciosa, Antonio Jaimez insiste en la «atención plena y la meditación»[36] que ayudan a entender y comprender las realidades del entorno.

Silencio respetuoso

Hay silencios que tienen significado, pero no tienen un contenido proposicional. Dicho de otra manera, son silencios que no pueden ser traducidos en palabras. Por ejemplo, el silencio que se mantiene en ciertos lugares o a ciertas horas por orden, disciplina o que está prescrito por el código de conducta. En algunos países, como Suiza, por ejemplo, está prohibido hacer cualquier ruido que pueda molestar al vecino después de las 10 de la noche porque se supone que la gente ya estará des-

---

[35] J. Alt, *Arnold Janssen reader. Guidance in challenging times* (Siegburg: Franz Schmitt Verlag, 2017), 96.

[36] Ibíd., 88.

cansando. Se ruega entonces silencio. Es un bien que favorece una convivencia sana en la vecindad. Este tipo de silencio se define como silencio respetuoso. Se ruega y se observa por respeto a los demás, por respeto a su descanso y forma parte del código de vida en común.

Adela, que acaba de llegar de su país, se sorprendió cuando apareció la policía en la puerta de la casa que le acogió porque un vecino les había denunciado por el ruido que hacían después de las 10 de la noche. «¡¡Dónde está la libertad de la que se habla tanto en estos países?!», se exclamó Adela. «Mi libertad se termina donde empieza la de los demás», decía el filósofo Jean-Paul Sartre. Otro ejemplo de ese tipo de silencio respetuoso que no tiene significado es el silencio que suele haber como signo de respeto en ciertos lugares, como una mezquita, una iglesia o durante un funeral.

El silencio respetuoso sin contenido proposicional se da también en situaciones de interacción entre personas. Es una virtud fundamental en el diálogo, en un debate o en una conversación. Se trata del respeto del turno de la palabra del que hemos hablado antes. Es una regla de oro evitar hablar al mismo tiempo que nuestro interlocutor, ya que iría en detrimento del entendimiento y del respeto al otro.

Recuerdo las interrupciones mutuas y constantes de los candidatos a la presidencia durante las últimas elecciones de Estados Unidos que evidenciaron una clara falta de respeto a las reglas del juego. Peor aún, el uso constante de descalificaciones entre los dos candidatos. Esto sucede en muchos debates, especialmente entre políticos. Se interrumpe al adversario a toda costa para que no se exprese y para ponerlo nervioso, haciendo que pierda el hilo de sus ideas. Los que más sufren estos tipos de interrupciones son los moderadores, porque tienen que llamar repetidamente al orden y al respeto mutuo.

El simple ejercicio de guardar silencio cuando nuestro interlocutor expone sus puntos de vista es un buen punto de partida para iniciar un debate fructífero. Asimismo, es una muestra de respeto hacia la persona que tenemos enfrente. Esto se aprende en la familia y en la escuela. Por eso, muchas escuelas incluyen en su sistema de educación infantil programas de formación sobre turnos de palabra, porque se aprecia que los niños deben empezar a aprender las reglas de los turnos a una edad muy temprana.

Por otra parte, el silencio respetuoso con contenido proposicional se da en situaciones en las que el silencio está acompañado de un gesto respetuoso. En algunos países de África, por ejemplo, para mostrar respeto hacia la autoridad o una persona mayor mientras se saluda, se dobla ligeramente la rodilla derecha o se aplaude suavemente. En muchos países de Oriente, suelen inclinarse ante autoridades, ancianos o extraños. Es una cultura de cortesía que fomenta el respeto.

Silencio comunicativo en el proceso formativo de los jóvenes

En numerosas escuelas se ha incorporado en los programas escolares para niños y jóvenes una formación en comunicación. Se les enseña, por ejemplo, cómo hablar en público, cómo participar en un debate, cómo hacer un discurso, etc. Todo ello para ayudarles a desarrollar una mayor confianza en sí mismos a la hora de comunicarse. Es una buena iniciativa, pero hace falta más. No solo se comunica con las palabras. También se comunica con el lenguaje no verbal, como el silencio.

Somos conscientes de la falta de concentración que tienen hoy en día muchos niños y adolescentes, lo que los hace hipercomunicativos e inquietos. Esto se debe a muchas razones, como la hiperactividad, el desorden del sueño, un entorno familiar o un barrio ruidosos, muchas tiempo en la calle, las nuevas tecnologías, que les hacen pasar muchas horas delante de las pantallas, etc. En un mundo con demasiadas distracciones, el silencio es un ejercicio difícil. Si lo es para los adultos, con más razón lo es para los jóvenes. La mayoría de los jóvenes están cada vez más pegados a las pantallas de sus *smartphones* o consolas, y cada vez les resulta más difícil escuchar el silencio en sus vidas.

Sin embargo, el silencio es importante para la salud y el aprendizaje de los niños. Es algo bueno que se debe enseñar, transmitir e inculcar a los niños y los jóvenes. Sea en la familia o en la escuela, se deben promover y favorecer los espacios y ambientes de silencio que inciten a los niños a la reflexión y el estudio. Es importante ofrecerles espacios para practicar la escucha activa; brindarles momentos para cuidar de su vida interior, para que así puedan crecer fuertes interiormente, llenos de imaginación, creatividad y empatía. Algunos colegios organizan, por ejemplo, horas, media jornada o jornadas de retiro para los alumnos. Es un buen ejercicio espiritual y mental que los inicia en el silencio. No olvidemos que más allá del hecho de callarse, el silencio es una actitud, una actitud interior que permite escucharse mejor a uno mismo, escuchar a los demás y a Dios.

El silencio en la comunicación intercultural

Nos toca hablar de silencios interactivos dentro de las culturas. En otras palabras, como dicen Thomas J. Bruneau y Francine Achaz, «el uso del silencio en detrimento de la palabra en las distintas culturas»[37].

---

[37] J. Bruneau Thomas – F. Achaz, «Le silence dans la communication», *Communication et langages* 20 (1973), 5-14.

Compartir la vida intercultural con personas de diferentes culturas me ha permitido entender comportamientos, costumbres y formas de comunicar y reaccionar de otras culturas y aprender de ellas. Es un gran privilegio para nosotros, Misioneros del Verbo Divino, compartir la vida intercultural dentro de una congregación internacional e intercultural. Una de esas actitudes es el silencio. Puede parecer banal, pero es un tema complejo y de mucha relevancia en la vida comunitaria. ¿Por qué uno habla mucho y el otro no? ¿O por qué uno es callado y el otro no? ¿Tiene que ver con la cultura, la personalidad o ambas cosas? Son realidades que intentamos comprender para hacer la vida intercultural más agradable y llevadera, evitando caer en prejuicios y clichés, y sobre todo para promover una comunicación efectiva entre nosotros. El silencio está presente en todas las culturas y puede tener diferentes significados y valoraciones, connotaciones positivas o negativas, según dónde y cuándo se produce.

En África, especialmente en el África subsahariana donde la tradición oral tiene una gran importancia en las interacciones sociales, el silencio es un valor. El africano valora positivamente el silencio, por lo que no condena ni juzga a nadie por mantenerse en silencio, siempre y cuando no se haga daño a nadie. Al contrario, ser parlanchín es considerado un defecto. Para resaltar la insensatez de una persona que no sabe callarse, se suele decir «no mete el agua en su boca», sugiriendo que la persona habla sin escuchar ni razonar antes. El silencio es una actitud fundamental que ayuda a escuchar, pensar y juzgar antes de hablar. El silencio precede al habla.

El silencio es una virtud en África. Se observa, se vive, se impone y se aprende. Es parte de la educación de los niños en las familias. Se les enseña a escuchar en silencio mientras se les habla, a guardar silencio cuando están comiendo, etc. Recuerdo las noches en los pueblos, alrededor del fuego, escuchando en silencio los cuentos y la sabiduría de los ancianos.

Es cierto que las cosas han cambiado mucho, especialmente en las grandes ciudades por los efectos de la globalización. Pero, afortunadamente, en los pueblos, donde muchos aspectos de la vida siguen siendo tradicionales, todavía se respetan valores culturales como el silencio. Además, el entorno sin ruido de esos pueblos, donde no hay coches u otras máquinas ruidosas, hace que el silencio sea algo natural y se viva cotidianamente.

Más allá de entenderse como ausencia de ruido, en las culturas africanas el silencio es una actitud y una forma de comunicación. El africano expresa el respeto tanto a lo sagrado como a las personas, especialmente a los mayores o superiores, con el silencio que favorece una escucha activa. Asimismo, el africano comunica a veces sus sentimientos y pensamientos a través del silencio, entendiendo que el silencio puede hablar más que mil palabras. «El silencio también es discurso», dicen en África. «Lo esencial se dice con el silencio», afirma un proverbio africano.

En la sociedad africana, suelen relacionar el silencio con la sabiduría. «El silencio es la antesala de la sabiduría.» Hago mías las palabras de Christophe Wondji que dice: «la palabra del jefe africano, que nace del silencio, es sagrada»[38]. De hecho, en el continente africano, un jefe, un anciano o una persona sabia es quien sabe callarse de vez en cuando. Un jefe no debe tener la «lengua fuera»[39], es decir, debe hablar lo necesario y expresarse más con su silencio. Cuando habla, hace varias pausas para que su audiencia siga atentamente su discurso.

Obviamente, la dificultad surge a la hora de interpretar ese silencio. Sin embargo, la vida misma y las experiencias son buenos maestros que ayudan a interpretar los silencios. Asimismo, el contexto y la circunstancia en los que se produce el silencio se convierten en códigos indispensables para desco-

---

[38] M. Smadja, «"De boca del Anciano", preguntas a Christophe Wondji», *El Correo de la Unesco* («El silencio») Año XLIX (1996), 10-13.

[39] Una expresión africana para referirse a la persona indiscreta que habla demasiado sin pensar antes.

dificar la información o el mensaje que se transmite. Una vez en el contexto, el receptor es capaz de descodificar ese silencio que transmite un mensaje, sentimientos, emociones o estados de ánimo del interlocutor.

El silencio, como lenguaje y componente de la comunicación no verbal, se enseña principalmente en los ámbitos familiares y en las estructuras sociales tradicionales. En los ritos de iniciación a la vida adulta, como el de Mukanda en la República Democrática del Congo, el silencio es un elemento fundamental en la formación de los adolescentes durante el periodo de reclusión. Este «silencio iniciático» favorece que el aprendiz se aísle del mundo del ruido y le permite emprender un camino de transformación. Así, el joven que se prepara para la vida adulta aprende a escuchar atentamente, a dialogar en silencio consigo mismo, con la naturaleza y con lo sagrado. Posteriormente, en la etapa adulta que llega después del tiempo de la iniciación, el iniciado debe ser capaz de demostrar madurez humana y sabiduría en su comportamiento.

En las culturas denominadas orientales, el silencio cumple una doble función: religiosa y social. A nivel religioso, el silencio está ligado a la experiencia espiritual. En las grandes religiones orientales como el hinduismo, el budismo, el taoísmo y el islam, el silencio es un elemento esencial para poder entablar un diálogo con lo sagrado, lo trascendente o Dios. Según Flores Roberto Gerardo, «el silencio es un elemento esencial de la experiencia *hierofánica*»[40]. Por lo tanto, los orientales, considerados en general como personas religiosas, viven el silencio como algo devocional dentro de las prácticas religiosas y como un recurso para comunicar con lo supremo. Para ellos, tal y como se les enseña en las religiones, la comunicación con Dios se realiza de manera privilegiada a través del silencio.

En el ámbito social, el silencio es percibido positivamente en el mundo oriental. El uso del silencio en lugar de la palabra es algo normal y se hace de manera natural. Un misionero verbita europeo, que ha trabajado durante muchos años en China, cuenta que es común recorrer trayectos en transporte público sin que nadie hable, en estricto silencio.

En países como China, Japón o Tailandia, el silencio también se usa muy a menudo como muestra de respeto y cortesía hacia los demás, especialmente hacia la autoridad, los ancianos o los superiores. Se escucha silenciosamente a la persona que habla. Muy a menudo, el silencio está acompañado de una sonrisa u otra expresión corporal para expresar respeto y atención hacia la persona que habla.

---

[40] Flores Olague, «El silencio: recinto de lo sagrado en tres religiones orientales».

En la comunicación de los chinos, la pausa y el silencio pueden expresar muchas cosas, como acuerdo, elogio, desacuerdo, protesta, decisión, respeto, etc. Pero también se usa el silencio para evitar el conflicto. La persona podría no estar de acuerdo con lo que se dice, pero prefiere el silencio para evitar enfrentamientos. Aquí es donde podría surgir el problema de la interpretación del silencio cuando uno no pertenece a la cultura o no tiene suficientes elementos para descodificarlo.

El silencio es un lujo tanto en América del Norte como en Occidente. «La cultura occidental es típicamente ruidosa. Los momentos de silencio y soledad son cada vez más escasos»[41], afirman J. Bruneau Thomas y Achaz Francine. En América del Norte, la gente suele sentirse incómoda con unos segundos de silencio en las conversaciones. De manera general, no se soporta el silencio, que se considera como un «vacío verbal», para emplear la expresión de Pedro Bravo, y está mal visto. «Es casi una forma de mala educación»[42].

A los norteamericanos les gustan los discursos y la cultura occidental es cada vez más una cultura de palabras. Da la impresión de que el más fuerte y

---

[41] Bruneau – Francine. «Le silence dans la communication».

[42] P. Bravo, ¡Silencio! Manifiesto contra el ruido, la inquietud y la prisa (Madrid: Debate, 2024), 103.

el que tiene razón es el que posee el poder de la palabra o el que habla más. En estas condiciones, los que callan son tachados de perdedores porque carecen de argumentos. J. Bruneau Thomas y Achaz Francine afirman que «muchos estadounidenses son incluso tan inconscientes del silencio que son incapaces de encontrar las palabras para hablar de ello»[43]. Por eso suelen decir, «el americano duerme y amanece con el ruido que le acompaña todo el día». Ahora bien, como afirma Pedro Bravo, «no está igual considerado el silencio en una región rural que en un entorno urbano»[44]. No obstante, tanto en América del Norte como en Europa, el silencio se reduce cada vez más a espacios y funciones religiosas.

El silencio puede tener diferentes percepciones en América del Sur, dependiendo del contexto cultural, social y regional. Aun así, de manera general, los latinos son expresivos por naturaleza y prefieren verbalizar sus ideas, pensamientos, sentimientos o emociones. En una interacción social, el silencio puede parecer a veces incómodo porque obstruye la conversación o el diálogo. «Somos de mucho hablar», me confesaba una compañera latina de la Universidad. «En una conversación, nos

---

[43] Bruneau – Francine. «Le silence dans la communication».

[44] Bravo, ¡Silencio!, 103.

interrumpimos unos a otros. A veces parece que nadie escucha al otro», añadía.

Ahora bien, aunque en la comunicación diaria el silencio es escaso, no deja de ser un valor para un latinoamericano. Se usa como muestra de respeto o cortesía hacia la persona que se tiene enfrente en una conversación, sobre todo si se trata de una persona mayor o una autoridad. El silencio es también aplicable en el contexto religioso, donde se invita a la escucha activa y al respeto de los lugares sagrados.

Como podemos ver, no se tiene la misma percepción, tampoco se vive o se interpreta el silencio de la misma manera en los cuatro puntos del planeta. A pesar de estas diferencias culturales en el planteamiento del silencio, el mundo, que está cayendo a toda velocidad en cuanto a los valores básicos de la vida en sociedad, recapacita de vez en cuando. Por eso, como ya hemos mencionado, cada vez más personas en Europa, por ejemplo, se inician en la práctica de la meditación y la contemplación, solo para redescubrir espacios de silencio para la salud mental y física.

El silencio elocuente de los oradores

A quién no le ha producido ansiedad o incluso pánico enfrentarse a un público numeroso o hablar delante de un auditorio. Por otro lado, sin duda hemos admirado alguna vez a ciertas personas por su facilidad para hablar en público. Son sentimientos humanos y habituales. La oratoria es un arte y se aprende. No se trata solo de presentar ideas, sino de plasmarlas de una determinada manera. Hace falta cualidades y técnicas comunicativas tales como una bonita voz, una buena expresión, claridad al hablar y transmitir ideas, saber conectar con la audiencia, manejar adecuadamente los gestos, las pausas y el silencio, etc.

Una de las virtudes de los grandes oradores de la historia, desde Pericles (495-429 a.C.), Demóstenes (384-322 a.C.), Abraham Lincoln (1809-1865), Winston Churchill (1874-1965), Mahatma Gandhi (1869-1948), John F. Kennedy (1917-1963), Nelson Mandela (1918-2013), Martin Luther King Jr. (1929-1968), Ronald Reagan (1911-2004), el papa Juan Pablo II hasta Barack Obama (1961), es que han sabido manejar correctamente los elementos de comunicación verbal y no verbal en sus discursos. Su éxito oratorio no solo se debió al uso correcto de las palabras o al mensaje que transmitían, sino también a su habilidad para manejar a la perfección los gestos, las expresiones corporales y faciales, y el silencio.

Me acuerdo, por ejemplo, de los discursos de Juan Pablo II a los jóvenes chilenos en 1987, de Mandela en 1994 durante su acto de investidura, o incluso de la toma de posesión de Obama en 2008, por citar solo algunos, al menos de los últimos tiempos y que he tenido la suerte de escuchar en directo. Destacan por su habilidad de dicción, que conmovía a la gente y producía una respuesta emotiva en la audiencia. Uno de los secretos de éxito comunicacional ha sido el hecho de combinar los elementos de la comunicación verbal, con palabras acertadas, y no verbal, a través de los gestos y las pausas. Sigo de vez en cuando en YouTube los discursos de los grandes oradores de la historia, como Martin Luther King Jr. Lo que siempre me ha llamado la atención, entre otras cosas, es su habilidad para dominar las pausas cuando hablaba al público.

Si hay algo que caracteriza también a esos grandes oradores, entre otras cosas, es el tono de su voz. Han tenido siempre una voz potente. De hecho, la voz es el elemento fundamental en un acto comunicativo oral. Es clave modular la voz para una comunicación efectiva, por ejemplo, en una charla, un discurso, un sermón, una predicación o en los medios de comunicación, como la radio o la televisión. Sin duda, hemos sido testigos de situaciones en las que el mensaje del orador es pertinente, pero no llega a la audiencia porque le falta voz.

Es importante modular el ritmo de la voz en función del mensaje o mensajes que se quieran transmitir. Esta actividad implica trabajar varios elementos tales como el tono, el ritmo, las curvas de entonación, la expresividad, la dicción, el volumen, la claridad y la pausa. Además, es importante enfatizar las palabras clave del discurso y evitar las muletillas como «eeeh», «aah», etc. Al dominar todos esos elementos, conseguimos que nuestro discurso sea comprensible e interesante.

En la historia de la humanidad, hay también oradores cuya voz potente «aplastaba» al público. Cansan los oídos de los oyentes. El motivo, en la mayoría de estos casos, es porque no consiguen variar el tono de la voz y, sobre todo, no saben marcar las pausas en sus alocuciones. Las pausas silenciosas son fundamentales, sea en un discurso, una charla, una predicación, un sermón o en una locución en los medios de comunicación. Como dice Elisabeth Kübler-Ross:

> Cuando no haya más palabras, no intentes hablar ni pensar en nada más. El silencio tiene su propia elocuencia. A veces más preciosa que las palabras[45].

Dado que el silencio es una herramienta estratégica, es crucial saber cómo y cuándo emplearlo. En un discurso o una charla, los silencios forman parte de la estructura rítmica: ayudan a respirar, a hacer la transición entre ideas, a captar la atención del público, a estructurar los enunciados, a destacar ciertas ideas o enfatizarlas, a encontrar las palabras adecuadas, a compartir el tiempo con los oyentes, o a invitarlos a reaccionar (*feedback*), y permiten

---

[45] «51 bellos textos para consolar a una persona en duelo» (blog) [https://vidareinas.es].

así ajustar la estrategia comunicativa según la respuesta del público, entre otros aspectos.

En términos generales, la duración de la pausa-silencio oscila entre 5 y 10 segundos. En cuanto al número de pausas en un discurso, este varía según el orador y el tipo de discurso. Para la mayoría de los oradores, el tiempo de pausa representa entre el 45% y el 50% del tiempo total de habla. Esto también depende de la velocidad de habla[46], que a su vez está influenciada por la modalidad discursiva y el contexto en el que se desarrolla el discurso. No es lo mismo dirigirse a niños, adolescentes o a un público adulto. En definitiva, el tiempo de pausa y la velocidad del habla están inversamente correlacionados.

Por otro lado, la homilía es todo un arte. No existen reglas absolutas para una buena homilía. No obstante, el papa Francisco, en su encuentro con sacerdotes de la diócesis de Roma en 2023, aconsejó que la homilía dominical no exceda los diez minutos. Ahora bien, la homilía no es un discurso político ni un espectáculo, sino una alocución en la que el celebrante actualiza los textos de las lecturas bíblicas del día para la congregación. Por lo tanto, además de prestar atención al conte-

---

[46] Es el número de sílabas divididas entre el tiempo total de locución.

nido (*The message is King*)[47], es importante dominar las reglas básicas de la comunicación oral, como el contacto visual, los gestos, las pausas, etc. Es recomendable utilizar el silencio en forma de pausa durante la homilía, sin que sean demasiado largo, especialmente cuando se desea enfatizar una idea importante o después de hacer una pregunta, para despertar el interés y captar la atención de los fieles.

El silencio como herramienta de persuasión

Para persuadir con un discurso, es necesario ser un buen orador y comunicador. No todos los oradores son buenos comunicadores. Se dice que los buenos oradores dominan las palabras y los buenos comunicadores, los silencios. Por lo tanto, es conveniente conjugar ambas formas de comunicación: verbal y no verbal. Es decir, saber utilizar bien las palabras y manejar mejor los silencios.

La comunicación verbal es un arte que se debe aprender y dominar si se desea convencer al público con el mensaje. Los expertos en comunicación recomiendan diversas técnicas y estrategias para ser persuasivo y cautivar a la audiencia. Chris St.

---

[47] El mensaje es Rey.

Hilaire propone veintisiete[48]. Una de estas estrategias es el silencio comunicativo.

Como afirma el bloguero Juan Carlos Casco:

> Las palabras, como las balas, una vez disparadas, no tienen retroceso. Y como las balas, pueden matar, herir o infligir sufrimiento; pero también pueden tranquilizar, provocar calidez, inspirar y movilizar[49].

El antídoto para no causar daño con las palabras, según Juan Carlos Casco, es el silencio. Cuando, en las alocuciones o los discursos, se utiliza bien el silencio, se le da fuerza a la palabra.

El silencio en la comunicación no verbal es el arte del suspense. Como hemos mencionado, suele emplearse antes de terminar una idea impactante. De hecho, es una estrategia comunicativa para provocar el interés y la atención del público, dejando en suspenso lo que el orador va a decir o lo que vendrá después. Los ingleses lo llaman *cliffhanger*. Algunos oradores suelen preceder el silencio con frases interrogativas como: «¿Sabéis qué?» o

---

[48] C. St. Hilaire, *27 técnicas de persuasión. Estrategias para convencer y ganar aliados* (Barcelona: Conecta, 2011).

[49] Ver el blog de Juan Carlos Casco sobre la palabra y el silencio [https://juancarloscasco.emprendedorex.com/los-10-tipos-de-silencio-y-su-poder-una-mirada-desde-la-filosofia-del-lenguaje/].

«Os voy a contar una historia...». Los cómicos emplean a menudo este tipo de silencio estratégico durante sus espectáculos; de hecho, es muy recomendable en la narración. Para tener éxito en este tipo de silencio, se requiere práctica.

El silencio virtuoso de un líder

El ejercicio del liderazgo requiere muchas virtudes para identificar las motivaciones, los retos y la actividades que inspiran a cada miembro del equipo. Para ello, el líder está invitado a la reflexión permanente y al discernimiento desde el silencio. Un líder se nutre del silencio para guiar mejor a los demás. Aprende a guardar silencio en el momento oportuno y, a veces, debe permanecer callado, aunque tenga mucho que decir. Cuando debe hablar, ha de decir lo que sabe y callar lo que no sabe o no tiene seguro. Los expertos mencionan la prudente discreción en el uso de la palabra; es decir, callar cuando no se debe hablar y hablar cuando no se debe callar. No se trata de caer en la taciturnidad total ni en la palabrería, sino más bien de aprender a reflexionar y observar en silencio, preceder la palabra con el silencio y decir la palabra justa.

Un líder que habla desde y con el silencio escucha más de lo que dice. Su silencio no es resignación ni cobardía, sino más bien una fortaleza. La palabra que brota de su silencio es valiosa y poderosa, y así «no vuelve vacía sin haber realizado lo que Él desea y logrado el propósito para el cual la envió» (Is 55,11).

Nelson Mandela fue uno de los grandes líderes de la historia, inspirando a muchas personas en todo el mundo, especialmente a los jóvenes. Su liderazgo, fuera de lo común, será siempre recordado. Su fuerza, perseverancia, paciencia, sabiduría, amor por la paz, humildad y compromiso político han inspirado a millones de jóvenes en África y en todo el mundo. Era un placer escucharlo y seguirlo en la radio y la televisión. Durante su funeral, una de sus bisnietas, en una entrevista, dijo: «Era un gran observador y un hombre de silencio. Cuando hablábamos en casa, fingía seguirnos, pero escuchaba y observaba en silencio».

En una entrevista, el entrevistador le preguntó cómo había llegado a abrazar el perdón y la reconciliación después de todo lo que había sufrido por culpa del régimen del *apartheid*. Mandela habló de lo que había significado pasar tantos años solo y en silencio mientras estaba en prisión. Los años de silencio en la celda le ayudaron a enfrentar sus propios errores y su necesidad de perdón. Una vez fuera de la cárcel, su discurso no podía ser otro que el del perdón y la reconciliación.

El manejo del silencio puede otorgar o quitar autoridad y poder a un líder. El silencio activo, que permite observar, discernir, reflexionar y hacer la transición entre la palabra y la acción, eleva al líder. Le confiere poder e influencia. Es el silencio activo. Sin embargo, el silencio pasivo lo convierte en cómplice y lo deshonra.

Silencio en una comunicación de crisis

Nos hemos preguntado más de una vez cómo actuar ante una situación de crisis en una institución. ¿Cuál sería la actitud o la estrategia correcta que se debe adoptar? ¿Aparecer inmediatamente en los medios de comunicación? ¿Convocar una rueda de prensa? ¿Responder a las preguntas de los periodistas? Sea cual sea la estrategia adoptada, no cabe duda de que la institución, la organización o la persona afectada debe dar explicaciones para evitar especulaciones o rumores.

Lo lógico es explicarse ante los medios de comunicación para confirmar o desmentir, lo cual es positivo. Como se suele aconsejar, hay que dar la cara y cuanto antes, mejor. La rapidez de reacción es esencial en estos casos para evitar cualquier tipo de sospecha que pueda perjudicar a la organización, la empresa o la persona. Más vale prevenir que curar. Por eso, es bueno ser proactivo y adelantarse a los acontecimientos, en lugar de dejar que la crisis dirija la agenda en los medios. La versión de la organización es la que debe ocupar el espacio mediático.

Ante una crisis, en general, desde el ámbito comunicativo se aconsejan ciertas pautas que ayudan a aclarar e informar sobre los hechos. Antes de nada, es fundamental evaluar la gravedad de la crisis, determinar las responsabilidades propias y las de terceros, evaluar los daños potenciales y determinar la visibilidad mediática. Para Martín Martín, es fundamental hacerse estas preguntas: ¿a dónde nos dirigimos?, ¿por qué?, ¿cómo?, ¿en qué momento? y ¿a quién nos dirigimos?[50] Es decir, definir si se trata de una comunicación interna o externa. Luego, es importante establecer una única estructura de información, sea cual sea el canal o el formato de comunicación. Solo las personas autorizadas deberían hablar para evitar contradicciones y gestionar mejor la información que se proporciona a los medios y al público.

Además, se aconseja ser lo más transparente posible y no mentir. Para ello, es bueno atenerse a los hechos y solo a los hechos veraces. Es más fácil recordar la verdad que una mentira. No es recomendable dar opiniones, sino más bien relatar los hechos comprobados y verificados, sin especular para no complicarse más. Es importante evitar el pánico y los nervios, ya que estos pueden afectar negativamente a la calidad de la comunicación. Es fundamental mantener la calma y no sentirse presionado por los medios.

---

[50] F. Martín Martín, *Comunicación en empresas e instituciones: de la consultora a la dirección de comunicación* (Salamanca: Universidad de Salamanca, 1995), 38.

Todos estos elementos, cuando se aplican adecuadamente, son un paso hacia la solución de la crisis institucional o personal. Además, pueden mejorar la imagen de la institución o de la propia persona. No obstante, existe otra estrategia igualmente eficaz y a veces recomendable e imprescindible en determinadas circunstancias: el «Silencio» con mayúscula, el silencio comunicativo o mediático. Es una fuerza estratégica indirecta y asimétrica que puede ser devastadoramente poderosa. ¡Ojo! No se trata de un silencio cómplice que intenta ocultar la verdad, es decir, evitar dar la cara para aclarar e informar. No es una excusa para evitar afrontar la realidad. No hablamos del «silencio de muerte»[51]. No se trata de amplificar el vacío de información. No. Se trata más bien de un silencio «estratégico», permitido en el periodismo y también en la vida misma, que permite analizar, profundizar, valorar y madurar los hechos o los acontecimientos.

Dicen que el silencio mata. Es cierto, pero en algunas ocasiones da vida y salva. Puede salvar tu imagen o la de una institución. ¿Cuántas veces no hemos escuchado «hubiese sido mejor esperar un poco antes de hacer alguna declaración» o «hubiese sido mejor callarse en vez de hablar»? Lo hemos dicho antes: «el silencio es oro». En el mismo con-

---

[51] Es una expresión que significa silencio completo, que evoca la total ausencia de comunicación o diálogo.

texto también se afirma que «en boca cerrada no entran moscas», alabando la virtud de saber guardar silencio en determinadas ocasiones. A veces, es necesario mantener el silencio en situaciones de crisis institucional o personal. No es un tabú, tampoco es una falta de transparencia ni una manera de ocultar la verdad. Al contrario, puede ser visto como una virtud en la gestión de crisis. Así como es fundamental la presencia mediática en una crisis, también es igualmente importante la ausencia mediática en algunas circunstancias. Por supuesto, las circunstancias son diversas dependiendo de cada caso.

La experiencia demuestra que el silencio mediático en una crisis institucional, cuando está bien gestionado, puede ser tan eficaz como otras estrategias de comunicación. La pregunta es cómo gestionar el silencio mediático en una crisis. En el caso, por ejemplo, de una situación bajo investigación judicial, se recomienda el silencio para no interferir en la investigación. Las declaraciones mediáticas en este contexto pueden comprometer el buen desarrollo de la investigación, envenenar más la crisis y acabar complicando el asunto.

Por otra parte, en una situación donde no se tiene suficiente información sobre los hechos, las declaraciones precipitadas no son recomendables. El silencio estratégico en este caso es una virtud, porque te protege contra lo que podrías decir y que acabaría hundiéndote más. Al mismo tiempo, te da tiempo para reunir las informaciones necesarias y te garantiza tener control sobre el asunto y conocimiento de la situación antes de comunicar o informar. «Si no lo tienes claro y no tienes nada útil que decir sobre el tema, mejor callarse», dicen. En filosofía, sabemos que el discurso está hecho de frases y las frases expresan los hechos y el contexto. Y cuando uno no está seguro de los hechos ni del contexto, es mejor callarse.

El silencio en la era digital

La comunicación digital es una de las maravillas tecnológicas creadas por el ser humano en los últimos tiempos. Para citar las palabras del decreto Inter Mirifica: *Sobre los medios de comunicación social,* «es el ingenio humano, con la ayuda de Dios»[52]. Con las nuevas tecnologías de la información y de la comunicación, la interacción humana se ha vuelto más productiva, eficaz, rápida, libre e interactiva. No obstante, también somos conscientes de los efectos negativos, tales como la hiperconexión digital, especialmente entre los adolescentes, los ciberataques, el anonimato con todas sus consecuencias, la artificialidad en las relaciones, el ruido interior, etc..

---

[52] Decreto Inter Mirifica: *Sobre los medios de comunicación social,* 1.

Me ha tocado hablar de la «alfabetización digital» *(digital literacy)* a grupos de los Misioneros del Verbo Divino que participan en los cursos de renovación. La pregunta siempre es, como la plantea el psicólogo David Levy: «¿Cómo equilibrar nuestras vidas digitales?»[53]. La tentación de perderse en este mundo digital es real. Además, consume mucho tiempo y te expone a múltiples apuros si no se controla o no se domina adecuadamente. ¿Cómo remediar esta situación? Antonio Jaimez propone el silencio comunicativo como una de las soluciones.

El silencio en la comunicación digital implica pensarlo bien antes de involucrarnos en un red social, practicar la «ascética digital», es decir, no estar permanentemente conectados y en todas las redes sociales, reflexionar antes de responder a un mensaje, evitar hablar de la vida privada en las redes sociales y abstenerse de participar en debates que generen odio y conflictos, entre otras cosas.

---

[53] Jaimez, *El poder del silencio.*

IV
Experiencias sobre el uso del silencio comunicativo

No queríamos cerrar este libro sin escuchar a otras personas, sus experiencias sobre el silencio como lenguaje e instrumento de comunicación. Cada una de ellas habla desde su vivencia, su realidad social y profesional, así como desde sus conocimientos y creencias. Esto es realmente lo más interesante de este intercambio. Por supuesto, la experiencia es lo que más valor tiene.

Cuando me acerqué a las personas que entrevisté, la mayoría tenía la duda de si eran realmente las adecuadas para hablar de este tema. Me hubiera gustado entrevistar a monjes trapenses o carmelitas, quienes seguramente nos hablarían de experiencias fascinantes del silencio en su vida monástica y de sus profundas vivencias de la vida interior. Sin embargo, con quienes hablé, aunque eran conscientes de la paradoja del silencio en situaciones o entornos que exigen una comunicación constante, admiten que el buen uso del silencio resulta a menudo importante tanto en su vida personal como profesional.

Los textos que publicamos son el resultado de una serie de preguntas que enviamos a cada entrevistado. Para tener una visión amplia del tema, elegimos a personas de diferentes géneros, edades, profesiones y estatus social. Cada uno de los entrevistados habla desde su visión del mundo, su perspectiva y su contexto laboral y social.

Juan Caño Díaz

Juan Caño Díaz tiene una larga experiencia profesional de 50 años. Fue redactor jefe de Europa Press, delegado de la Agencia Efe en Londres y en Washington y director o fundador de más de una docena de revistas, entre ellas El Caso, La Actualidad Española, Dunia, Muy Interesante, Teleprograma *y* Quo. *Durante 20 años, fue vicepresidente editorial de la filial española de Hachette Filipacchi, una de las mayores editoras de revistas del mundo. Además, fue presidente de la APM de 2019 a 2023, vocal de cuatro juntas directivas de la APM en diversas etapas (1983-1985, 1985-1987, 1999-2003 y aún lo es en la actualidad) y presidente de la Asociación de Revistas de Información (ARI) de 1999 a 2003. A lo largo de ocho años ejerció como profesor de Empresa Informativa en el Centro Universitario Villanueva de Madrid y de másteres de las universidades de Navarra y Salamanca. Es autor de los libros* Revistas: una historia de amor y un decálogo y Los lunes al golf, *entre otros*[1].

Cuando comencé a trabajar en el periodismo hace 60 años, las páginas de los periódicos estaban llenas de letras y algunas imágenes. Era necesario aprovechar cada rincón de cada página para ofrecer información, ya que el papel era caro y se quería dar la impresión de abundancia, mostrando que se entregaban suficientes noticias a cambio de un precio justo.

Tuvo que pasar un tiempo hasta que se impusiera la teoría del «menos es más», para lo cual fue necesario que los periódicos aceptaran los espacios en blanco. En realidad, podría decirse que el blanco era el silencio.

Recientemente, se presentó la renovación del diseño del diario *El País*. Su director de arte, Diego Areso, sostiene que el uso adecuado de los espacios en blanco sirve para potenciar ciertas informaciones del periódico.

Los textos «respiran» gracias a la abundancia de los espacios en blanco, logrando así impactar mejor en la mente de los lectores. Areso, uno de los mejores diseñadores de diarios en España, había aprendido a manejar los espacios en blanco en varios de los suplementos del periódico.

---

[1] Cf. https://www.apmadrid.es/personas/juan-cano-diaz/

En realidad, los suplementos y las revistas se adelantaron a los diarios en el uso del blanco como generador de importancia para determinadas informaciones. La elegancia de un título con abundante espacio a su alrededor ha sido la norma de las grandes revistas de diseño, primero, y de las grandes revistas femeninas después.

Esos espacios en blanco equivalen a pausas o tramos de silencio que sirven para potenciar la información.

Uso estratégico del silencio

Es una práctica habitual de los periódicos silenciar una noticia hasta el momento en que su difusión puede ser más beneficiosa. Por ejemplo, hay días de la semana, generalmente durante el fin de semana, en los que suben las ventas; por tanto, es entonces cuando vale la pena desvelar ciertas informaciones. Hasta entonces, silencio.

El silencio o «embargo» también se utiliza para hacer coincidir la publicación de ciertas informaciones con efemérides o acontecimientos relacionados. La noticia es conocida en la redacción y se guarda en silencio hasta que llega el momento oportuno para su publicación.

Silencio y percepción

El poder de los medios de comunicación para conformar opiniones, estados de ánimo, etc., es muy relevante y su manejo implica altos grados de responsabilidad. Por ejemplo, durante mucho tiempo, todos los periódicos se confabularon para no ofrecer informaciones sobre suicidios y evitar, de esa manera, el efecto contagio. Asimismo, hubo un tiempo en que los periódicos pactaron silenciar noticias que pudieran afectar negativamente a la familia real.

También hay periódicos particulares que declaran la «guerra» a ciertas informaciones ignorándolas. El País, por ejemplo, no publica noticias de boxeo desde su fundación. Personalmente, puedo contar que, siendo director de una revista semanal de actualidad, recibí la fotografía de un hombre tirado sobre una acera, con una jeringuilla a su lado que acababa de utilizar para inyectarse heroína.

La fotografía me llegó a través de una agencia que solicitaba una considerable cantidad de dinero por ella, puesto que el hombre en cuestión era hermano de un importante político en plena campaña electoral. Compré la foto, pero no la publiqué. La metí en un sobre y se la envié al político con una nota informándole que había retirado la fotografía del mercado porque consideraba que no era apropiada su publicación. De inmediato, me contestó con un escueto: «Pídame lo que quiera».

Callarse o comunicar

Todas las noticias son dudosas hasta que se verifican. Conozco diarios que no publican noticias sensibles hasta que son confirmadas por tres fuen tes diferentes. El manual del buen periodista dicta que las noticias deben pasar por tres fases: verificación, priorización y contextualización.

Los periodistas somos como mineros en busca de la verdad, pero no basta con encontrarla: es esencial ponerla en contexto y asignarle la importancia precisa, ni más, ni menos, justo la que le corresponde. Hasta que estas tres fases no se completan, lo más prudente es guardar silencio. Es un «pecado mortal» publicar rumores sin confirmar, datos sin contrastar y suposiciones sin fundamentos sólidos. Se suele decir en las redacciones que las prisas son malas consejeras, tan perjudiciales como el afán por adelantarse y «pisar» la noticia a la competencia sin las confirmaciones necesarias.

Comunicación eficiente

El silencio, creo yo, puede ser una herramienta para una comunicación eficiente en los gabinetes de comunicación de las grandes empresas, generalmente para ocultar informaciones que podrían ser inconvenientes para sus intereses.

Noticias falsas

Uno de los mayores problemas de nuestra era digital es la proliferación de noticias falsas. Esta devastadora epidemia empaña el buen hacer de los principales periódicos, que a veces también se ven

afectados. Personalmente, he promovido la creación de talleres de alfabetización mediática a través de la Asociación de la Prensa para impartir en
los colegios, pues creo que el problema solo se so-
lucionará atacándolo desde la raíz. Es fundamental
enseñar a distinguir entre lo falso y lo verdadero a
todos, empezando por los niños y las personas mayores, quienes son más vulnerables a los bulos.

Resolución de conflictos

El silencio puede ser muy elocuente y se utiliza frecuentemente para enfatizar posiciones, especialmente si se acompaña del gesto adecuado. Personalmente, he empleado el silencio para resolver situaciones
difíciles que se habían enquistado. Frente al exceso
de verborrea y cuando se han construido trincheras
posicionales, imponer el silencio y mantenerlo durante un tiempo suele ayudar a resolver conflictos.

El silencio no debe interpretarse como una inac-
ción, esperando que el tiempo sane las heridas. Debe ser proactivo, hacerse notar y ayudar a avanzar.
En ese avance juega un papel importante la innova-
ción, esencial en todas las empresas. Cualquier idea
innovadora nace de la observación y del silencio.

Experiencia del silencio

No es habitual en el mundo empresarial la experiencia del silencio. Todos los seminarios de las

empresas están enfocados a planificación de estrategias y fortalecimiento de los equipos. Solo si uno ha tenido formación en el ámbito del silencio puede utilizarlo. Por ejemplo, los ejercicios espirituales de la Iglesia católica en su modalidad más larga, la de san Ignacio de Loyola, imponen el silencio durante un mes. Esto sería impensable en el mundo empresarial, pero quienes hayan tenido la experiencia, están equipados para beneficiarse del silencio como poderosa arma de expresión.

Lucile Mateu

Lucile Mateu es madre de familia. Está casada con Gilbert Mateu. Tienen seis hijos maravillosos. Lucile creció en una familia cristiana católica. Educó a sus hijos en la misma fe. Lucile ha sido catequista durante más de 25 años. Es miembro de los equipos Notre Dame y trabaja como voluntaria en la asociación L'Œuvre d'Orient España que es una asociación de interés general de carácter social y humanitario al servicio de los cristianos orientales.

El «silencio» como «compañero de vida».

Silencio en la infancia y educación en el silencio

Durante mi infancia, el silencio fue un compañero constante. Solo tengo un hermano, un año menor que yo, con quien compartí clase desde la guardería hasta el año previo al bachillerato. Por ello, desarrollamos una especie de inteligencia silenciosa, o más bien una comunicación no verbal, una comprensión natural sin necesidad de palabras, similar a la conexión que comparten los gemelos.

Para mí, el silencio era sinónimo de ausencia de palabras, pues no necesitábamos hablar para entendernos. Nuestra casa familiar estaba en el campo y recuerdo que nuestros padres nos permitían salir juntos a dar largos paseos y explorar los bosques y viñedos circundantes. No hablábamos mucho; simplemente observábamos la naturaleza que nos rodeaba, escuchando con atención los sonidos de los pájaros para detectar posibles peligros o disfrutar del canto de algún pájaro que decidiera hacernos compañía. El silencio era sinónimo de armonía, nos permitía observar, admirar y contemplar.

También recuerdo las horas pasadas sola en el huerto de nuestra casa, cuidando el jardín, deshierbando, podando, regando, atendiendo a las plantas. Estas horas de soledad en el jardín eran momentos de silencio placentero, llenos de armonía, similares a los compartidos con mi hermano, pero esta vez con la naturaleza, a la cual aprendí a amar.

Con mi padre, las cosas eran diferentes. Él era duro y exigente, con normas estrictas de educación que estipulaban, por ejemplo, que los niños no debían intervenir en las conversaciones de los adultos y que el ruido de las peleas o la alegría excesiva eran inapropiados en una buena educación.

Durante las comidas familiares en casa de mis abuelos, mi padre nos imponía silencio a mi hermano y a mí. Teníamos que permanecer callados, escuchando y observando, a menos que fuéramos invitados a hablar, y, en tal caso, se esperaba una respuesta educada pero breve para no monopolizar la atención. El silencio, en estas ocasiones, era sinónimo de aburrimiento, pesadez y exclusión, justo lo contrario de la armonía antes mencionada.

Mi padre se enojaba a menudo y, cuando se enfurecía, el silencio era la mejor táctica para intentar pasar desapercibido, por miedo a convertirme en el blanco de su ira. El silencio como estrategia para pasar desapercibido. El silencio como refugio, como escapatoria, porque hablar seguramente habría acabado en una reprimenda o un castigo. Él mismo se refugiaba en el silencio, imponiéndolo a sí mismo, a mi madre, a mi hermano y a mí durante largos períodos. Me gusta la expresión «enclaustrado en el silencio», que suena mejor en francés, «claquemuré dans le silence», porque refleja perfectamente esta idea de aislarse mediante el silencio. Este silencio se convertía en fuente de grave malestar e incomprensión, de negación del otro.

Con el paso de los años, utilizar la palabra se ha vuelto vital para mí, así como respetar la libertad de expresión de los demás. Además, en el Génesis,

Dios habla y luego crea. La palabra de Dios es creación. Hablar es el don que nos ha dado, junto con
nuestra inteligencia, para que podamos hacer y
construir a partir de su propia creación.

Silencio en la vida de pareja

En nuestra relación de pareja, la transparencia de
nuestro estado de ánimo, posible gracias al diálogo
y la comunicación compartida, se ha convertido
en una regla fundamental para mantener el equilibrio. ¿Dónde encaja entonces el silencio? Mi esposo proviene de una familia muy diferente a la mía
y su carácter también dista mucho del mío. Él es
curioso y analítico; observa, pregunta y reflexiona.
Pero también es comunicativo, pues necesita hablar para compartir el fruto de sus lecturas, reflexiones y preguntas. Para él, el silencio es un
requisito previo para la reflexión y el análisis, pero
también una forma de prudencia y distanciamiento, no por indiferencia, sino para dejar espacio al
otro y permitir que exprese su diferencia. Para él,
el silencio se convierte en escucha.

Así, hemos creado un microecosistema entre
nosotros donde se combinan nuestras distintas maneras de vivir el silencio. Su silencio-escucha
alienta mi necesidad de hablar, y mi silencio-ar-
monía le invita a compartir.

Sin embargo, después de más de 30 años de matrimonio, el único punto que todavía puede de-

sequilibrar esta armonía es cuando el silencio se prolonga demasiado. Cuando la actitud de escucha o contemplación parece un repliegue, un distanciamiento que puede ser voluntario o involuntario, una huida que podría interpretarse como indiferencia. En estos casos, la palabra se vuelve esencial, brota como una apertura, una comunión de amor. Pero la mayoría de las veces, para nosotros, el silencio es sinónimo de reencuentro, respeto mutuo y pacificación de las pasiones, un tiempo de comunión con nuestro entorno.

Educación de nuestros hijos

Al educar a nuestros hijos, excluí naturalmente todo aquello que me causó sufrimiento en la infancia, ese silencio sinónimo de aburrimiento y exclusión. En nuestra familia, con nuestros hijos, todo se discute, se considera y se comparte. No existen barreras de exclusión, las puertas de las habitaciones están siempre abiertas y hay una disposición constante al diálogo, salvo quizá, en mi caso, por la mañana, antes del café, cuando prefiero unos minutos de silencio.

En este tipo de educación, el silencio parece no tener cabida, porque nuestra vida familiar está marcada por un constante intercambio de risas, gritos de alegría y discusiones. En una familia numerosa como la nuestra, donde ocho personas hablan, intercambian opiniones y reaccionan cada una a su manera, las comidas o las fiestas raramente invitan al silencio. El desafío para nosotros, como padres, siempre ha sido enseñar a cada uno a respetar su «turno de palabra» y por ende a permanecer en silencio para escuchar a los demás.

A pesar de todo, mi esposo ha transmitido a nuestros hijos el valor del silencio reflexivo, del silencio escucha, del silencio prudente. Yo, por mi parte, creo haberles enseñado el silencio contemplativo, el silencio-mirada, el silencio-respeto ante lo que nos supera y nos trasciende. No soy una gran aficionada a las montañas, pero sí una absoluta amante del mar, del océano, de las poderosas olas y de las tormentas que desatan las aguas. Les he enseñado a apreciar el silencio del mar, que también es fuente de inspiración y una invitación a respetar lo que está más allá de nosotros, recordándonos que somos criaturas de un Dios que creó y ordenó este mundo.

Mirando atrás y observando a nuestros hijos, ya adultos y que evolucionan en sus respectivos entornos, creo que nuestras formas tan complementarias como padres de vivir tanto el silencio como la palabra han sido un éxito. ¡Nuestros hijos saben escuchar en medio del ruido y por eso aman el silencio!

Hablar y hacer silencio en la catequesis

En la catequesis, ayudamos a los niños a vivir el silencio como una forma de encontrar a Dios. No se trata tanto de enseñar sobre el silencio o sus condiciones, sino de compartir una experiencia de silencio. No discutimos las virtudes del silencio; las practicamos juntos.

El Señor se manifestó a Elías en el «susurro de una suave brisa», no en la tormenta. Es en la suave brisa donde encontramos a Dios, dejando atrás el ruido y la agitación para dejarnos habitar por el silencio; ahí es donde Dios nos espera, porque el silencio es un espacio interior. Educar a los niños en la calma y la tranquilidad les permite entrar en contacto con Aquel que habita este espacio de silencio.

Mis más de 25 años como catequista me han enseñado a ser muy humilde ante el ruido y la agitación de los niños. Frente a su alboroto, la reacción inicial podría ser una palabra autoritaria que amenaza y posiblemente castiga el incumplimiento del silencio. Sin embargo, este enfoque es erróneo; el amor de Dios se recibe libremente, no bajo coacción. ¿Cómo podemos guiar a un niño hacia Dios mediante palabras autoritarias?

Este desafío es grande, especialmente ante un grupo de niños inquietos, donde las «palabras autoritarias» pueden parecer más efectivas y rápidas. Sin embargo, la educación en la vida espiritual y el encuentro con un Dios que vive en nosotros no debe medirse por criterios de eficacia y rapidez.

El catequista debe «revelar» a los niños, por así decirlo, cómo acceder a un espacio de silencio que se encuentra en lo más profundo de su ser; un camino que el catequista ya ha explorado y experimentado. Es como tender la mano al niño para llevarlo en un viaje de interiorización y mostrarle lo beneficioso que es refugiarse en el silencio interior. La dificultad reside en hacer esto con varios niños a la vez durante la catequesis en grupo. Sin embargo, rendirse sería dudar del poder del Espíritu Santo. Como dice el dicho: «Si el alma busca a Dios, Dios la busca aún más». Además, la experiencia del silencio que los primeros niños encuentran se convierte en un testimonio y una invitación para los demás.

Permítanme compartir una anécdota reveladora: recientemente, el equipo de catequistas y nuestro párroco decidimos organizar un retiro de Semana Santa para que los niños pudieran vivir plenamente estos días. Yo me encargué del «Sábado Santo», el silencio del sepulcro. El objetivo era que experimentaran el tiempo entre la Pasión y la Resurrección, y percibieran la ausencia ligada a la muerte, el silencio ligado a la ausencia de la palabra. Los guiábamos a través de un espacio oscuro, con solo algunos cantos gregorianos que invitaban a adentrarse en este ambiente. Luego, una vez sentados, descubrían unos focos que iluminaban poco a poco la piedra del sepulcro de Jesús.

Durante la reflexión posterior, en lugar de evocar malestar o miedo, los niños hablaron del placer, la paz y la alegría que se habían instalado en sus corazones, lamentando que la experiencia durara tan poco. Fue un mensaje poderoso para todos nosotros, educadores y catequistas: el silencio es un espacio, un conocimiento, un modo de expresión que quizá no transmitimos suficientemente. En este taller, la combinación del canto gregoriano, la guía física de los catequistas en la oscuridad y la invocación silenciosa a Dios permitieron a los niños comprender la importancia de escuchar el silencio y, seguramente, experimentar un encuentro con el Señor.

Juan de la Cruz Jr. Moreno

Juan de la Cruz es psicólogo. Tiene dos hijas. Además de su trabajo, se dedica a asesorar a familias, adolescentes y personas con problemas psicológicos. Dirige talleres de psicología para familias, jóvenes y escolares.

El impacto del silencio en las interacciones cotidianas con personas en búsqueda de ayuda psicológica

Cuando una persona acude a consulta, tiene la necesidad de «contar» su historia y sentirse escuchada. El terapeuta debe poseer la habilidad de «invitar» a hablar, proporcionando el espacio necesario para que el paciente se exprese. Una pausa o un «silencio» cuidadosamente colocado después de una pregunta acertada es crucial. Este silencio no debe ser vacío; es un silencio lleno de comunicación no verbal atenta, como una mirada cálida y cercana que incita al diálogo.

Este tipo de silencio abre la puerta a un mundo por descubrir, ofreciendo la oportunidad de acercarse y vencer las resistencias para crear la complicidad y la proximidad necesarias. Cada persona tiene su propio ritmo para superar estas resistencias y es virtud del terapeuta, sin precipitarse ni forzar, respetar estos tiempos y usar el silencio de manera estratégica para crear un clima de confianza.

Es importante diferenciar entre el silencio incitador del terapeuta y el silencio inicial del paciente, que necesita sentir tranquilidad y confianza para superarlo.

El silencio como herramienta terapéutica
para resolver problemas psicológicos

El enfoque terapéutico que he descrito es adecuado para enfrentar cualquier psicopatología o circunstancia que surja en la consulta. Sin embargo, existen situaciones donde el contexto de intervención es diferente, como en conflictos o emergencias, donde la intervención requiere decisiones inmediatas y el silencio no es una opción. Si estas situaciones permiten una relación continuada en el tiempo, se establecerán encuentros en línea con la respuesta inicial dada.

Recuerdo varios casos de duelo tras muertes o accidentes fatales donde mi rol como psicólogo se limitó principalmente a estar presente y ofrecer gestos de apoyo, como tomar una mano o caminar junto a alguien. En los juzgados, tras casos de violencia de género, mi presencia al lado del acusado ofrecía consuelo, un sentimiento de no estar solo, aunque me limitara a estar en silencio a su lado. Durante el tiempo que trabajé en una cárcel, encontré que salir del despacho para dar un paseo por el patio, aunque fuera en silencio, era percibido como más útil por los internos y así me lo expresaban.

El silencio estratégico

La espera intencionada y el silencio mediado nos otorgan credibilidad y nos permiten ganar la confianza necesaria, pero es crucial que todo esto ocurra en el momento idóneo. Por ejemplo, una mirada adecuada y una muestra de interés genuino pueden fomentar la empatía, aunque esto podría ser contraproducente en una emergencia, como durante un ataque de esquizofrenia. Recuerdo un caso en el patio de «El Pastorcito», donde, siendo director del ala de gravemente afectados, tuve que adoptar una mirada intimidante frente a un individuo abusivo. El silencio que mantuve, aunque pareciera contradictorio y desconcertante, fue esencial para controlar la situación.

El silencio como remedio para conocerse a uno mismo y superar problemas emocionales

He recomendado momentos de vacío, como un folio en blanco, incluso induciendo estados de relajación o hipnosis inicial. Hoy en día, realizo estas prácticas desde la plenitud de la conciencia del paciente, ayudándole a ser consciente de lo que está ocurriendo, clarificando ideas y descubriendo motivos generadores de ansiedad. A menudo, incito a los pacientes a reflexionar en silencio, tanto en la consulta como en tareas fuera de ella. El acto de escribir, tanto por mi parte como por parte del paciente, fija la atención y la relectura también. Me pregunto: ¿escribir y leer se realiza en silencio o desde una reflexión/un diálogo interiores profundos? Claramente, es desde este «silencio aparente pero guiado» donde se logran los mejores avances terapéuticos.

Inculcar el valor del silencio comunicativo a los adolescentes

Enseñar a pensar por uno mismo para ser una persona integrada en la sociedad es una tarea esencial de un padre o un educador (incluyendo maestros, terapeutas y otros modelos significativos). ¿Cuándo comenzar? Algunos padres lo hacen desde la fase prenatal, creando un ambiente de tranquilidad que favorece el desarrollo. Continúan estableciendo rutinas (alimentación, baño, sueño, juegos enriquecedores) que más tarde facilitan la adopción de otros hábitos necesarios, como horarios y concentración en los estudios. Este enfoque prepara el terreno para que, cuando lleguen a la adolescencia, estén acostumbrados a pensar antes de actuar, buscar soluciones a problemas y saber dónde encontrar ayuda efectiva. Las claves para inculcar el valor del silencio comunicativo en adolescentes son:

- comenzar desde temprana edad;
- evitar que se sientan solos;
- ganar su confianza;
- fomentar el crecimiento a través del esfuerzo.

Enseñándoles a pensar desde la autoridad necesaria del educador y asegurando que sientan nuestra presencia en lo más profundo de su silencio interior, se atreverán a desplegar sus alas con plenitud.

José Luis Corral

Fue ordenado sacerdote en la Congregación de los Misioneros del Verbo Divino el 1 de marzo de 1997. Ha trabajado como párroco, formador y superior provincial de los Misioneros del Verbo Divino en la provincia de Argentina Sur. Es obispo de la diócesis de Añatuya en Argentina desde 2019.

El silencio es una herramienta útil
en el liderazgo.

El silencio para escuchar y comprender

El silencio es esencial para escuchar, comprender, discernir y tomar decisiones. En mi camino pastoral, a menudo me encuentro abrumado por preocupaciones, demandas y urgencias; no siempre es fácil distinguir lo prioritario de lo secundario. A veces, parece que la brújula pierde el norte o que no se ve la salida en el laberinto.

Es en esos momentos cuando el silencio se hace imprescindible. Saber detenerse y hacer pausas permite ponderar y evaluar el camino a seguir. He notado que la ansiedad o la rutina a menudo impiden tomar distancia de ciertos asuntos para dar una respuesta asertiva. Al atender a personas, ya sean sacerdotes, religiosas, laicos o laicas, busco escuchar de manera amplia y pura, sin preconceptos ni prejuicios, intentando comprender el contexto y dejándome interpelar por otras perspectivas.

También encuentro crucial reservar momentos de oración diaria para estar en serenidad, permitiendo que los asuntos del día decanten y reposen, reconociendo mis límites y oportunidades.

Silencio versus palabras

A menudo, el silencio ha resultado ser más efectivo que hablar. Como ministros de la Iglesia, enfrentamos la tentación de tener siempre una respuesta para todo, pero no siempre es necesario ni adecuado hablar. El refrán popular «es mejor morderse la lengua que hablar» refleja esta sabiduría. En muchas ocasiones, optar por el silencio ha evitado herir o complicar situaciones, permitiendo en cambio presencia, compañía o un gesto significativo que a menudo ha tenido un impacto más duradero que cualquier palabra.

Silencio para mejorar la comunicación

Los momentos de silencio son cruciales para conectar con lo más íntimo de uno mismo, permitiendo una transformación y una reconstrucción interna. En nuestros encuentros de presbiterio, asambleas pastorales y reuniones, hemos incorporado el método de la conversación espiritual, regalándonos espacios de escucha y silencio antes de buscar acuerdos o consensos.

Este silencio también fortalece nuestra solidaridad al encontrar personas afectadas por el sufrimiento o la pérdida, facilitando una pastoral de la escucha que permite a muchos desahogar su corazón y encontrar luz en sus vidas a través de la empatía y la comprensión de los demás.

El silencio como valor comunicativo entre las personas

En un mundo dominado por la rapidez y la eficacia, el desafío de vivir entre el silencio y la constante exposición a la información es considerable. A menudo me encuentro con personas que parecen intoxicadas por el ruido, repitiendo lo que promueven los medios sin una crítica profunda. En contraste, personas de humilde procedencia a menudo captan lo esencial y viven de manera más auténtica y humanizante.

Extrañar el silencio

El activismo prevalece y no siempre es fácil cultivar el silencio. He observado que cuando estoy sobrecargado por el ritmo de las actividades, algo se pierde. Recuperar ese espacio de silencio ha sido clave para mantenerme coherente y unificado, tanto interna como externamente.

El silencio en la liturgia

Hoy sufrimos un déficit de silencio en la liturgia, luchando por mantener el sentido de lo sagrado y lo trascendental. Estamos tomando conciencia de esta escasez y surgen iniciativas para valorar el silencio y evitar llenarlo con actividades que nos distraen de lo esencial.

La virtud del silencio para los jóvenes

Los jóvenes cuando se les ofrece espacios de recogimiento, adoración, experiencias de silenciamiento o centramiento, lo valoran positivamente, conectan y son capaces de buscarlo y proponerlo a otros jóvenes.

El consejo es que prueben y vean la diferencia de una vida donde el silencio tiene fuerza reconfiguradora de la existencia y una donde, en su ausencia, se es esclavo de emociones, inmediatismos y búsqueda de sensaciones fuertes pero efímeras. Hoy más que ofrecer «procesos» se intenta proporcionar «impactos»; lo importante será que no se privilegie uno de los extremos en detrimento del otro.

Las prisas y las presiones tiranizan a todos. Como los jóvenes pueden ser un blanco más fácil, hay que acompañarlos y educar los para que aprendan a gestionar las emociones y reconozcan los desequilibrios que se ocasionan para restablecer así la estabilidad en medio de tantas oscilaciones y conmociones.

El papa Francisco siempre habla a los jóvenes de los sueños grandes, de alargar la mirada y ensanchar el corazón, no dejar que les roben la alegría y la esperanza, no renunciar a los ideales y las metas altas. Considero que ello requiere silencio, interioridad y apertura para dejarse impregnar y alumbrar esos anhelos y deseos.

Vivir así es desplegar alas, dilatar las capacidades, potenciar lo mejor de uno mismo y no quedarse en la chatura de una vida como anestesiada o narcotizada porque no se vive desde dentro, con los demás y hacia adelante. Si se excava el corazón joven o se lima la corteza en cada uno de ellos descubriremos esa sed de silencio porque nos habita y clama en cada uno para una vida más plena y feliz, con más atención y conciencia.

Budi Kleden

Monseñor Budi Paulus Kleden es arzobispo de Ende en Indonesia. Fue ordenado sacerdote en 1993 y trabajó como misionero en Suiza. Después de sus estudios de doctorado en Teología Sistemática en Alemania, dio clases de Filosofía y Teología en Ledalero (Indonesia). Es autor de varios libros y artículos. Fue consejero general de la Congregación de la Sociedad del Verbo Divino (SVD) de 2012 a 2018 y luego Superior General de 2018 a 2024.

La importancia del silencio en el liderazgo

El silencio como herramienta para escuchar y comprender

El silencio es crucial en nuestra vida como religiosos misioneros. En Ledalero (Indonesia), donde serví, un mensaje en uno de los pasillos proclama: «*Hening itu Inspirasi*» (El silencio es inspiración). Según Alfred North Whitehead, filósofo del proceso, quien teme al silencio podría no comprender su conexión con lo divino. En nuestras prácticas litúrgicas, es esencial dedicar tiempo al silencio, evitando llenar cada momento con ruido.

En mi rol de liderazgo dentro de la Congregación, el silencio me ayuda a organizar mis pensamientos, sentimientos e imaginaciones. Nos enfrentamos a informaciones a menudo contradictorias que requieren un discernimiento cuidadoso. El silencio facilita este proceso y me permite reflexionar sobre las diversas reacciones a las decisiones que tomo, considerando el impacto en la vida de nuestros cohermanos y otros.

Silencio versus palabras

En interacciones con cohermanos o durante situaciones críticas en una provincia, a menudo opto por un momento de silencio antes de comentar. Este silencio no significa aceptación o acuerdo, sino que proporciona espacio para la reflexión tanto personal como colectiva.

Silencio como lenguaje en mi comunicación

Aunque no siempre estoy seguro de la efectividad de mi comunicación, sí estoy convencido de que el silencio me permite profundizar en ciertos aspectos de mi vida y mejora mi manera de expresar opiniones. El silencio es clave para abordar asuntos y problemas dentro de la Congregación, añadiendo un nivel de seguridad a nuestras decisiones, aunque sin garantizar su perfecta adecuación en todo momento.

El valor comunicativo del silencio

Creo firmemente en la importancia del silencio para la comunicación. Facilita una comprensión más profunda de las situaciones y mejora nuestra expresión. Permite que las personas compartan sus experiencias de manera más intensa y significativa.

La inversión en el silencio

Nuestra vocación religiosa misionera se fortalece significativamente cuando invertimos tiempo en el silencio. Como mencionaba Whitehead, ser una persona religiosa implica hacer espacio para el silencio, lo cual es fundamental para nuestra espiritualidad y acción.

Carmen Labayen López

Carmen Labayen López es periodista en la cadena de radio Cope donde asume el cargo de jefa de Sociedad, Nuevas Tecnologías y Casa Real. Carmen es madre de familia y tiene dos hijas.

El silencio en el periodismo y la maternidad

El silencio en las interacciones como periodista

Cuando comencé a trabajar en la cadena Cope, me advirtieron de que el silencio era el «enemigo», un elemento a evitar en un medio definido por lo sonoro. Prolongados silencios pueden hacer que la audiencia se inquiete, crea que ha habido un fallo técnico y que incluso cambie de emisora. Sin embargo, el silencio también juega un papel crucial en la comunicación, especialmente en entrevistas, donde permite que el entrevistado exprese libremente sus pensamientos. Además, los silencios pueden ser valorativos, servir como pausas para reflexionar o transmitir emociones en momentos donde es preferible mantenerse callado.

En el día a día con mi equipo en Cope, aunque la redacción es un lugar de constante actividad, encontramos momentos para el silencio. Para tareas como leer, redactar o realizar entrevistas, el silencio es esencial. A veces pedimos que se reduzca el volumen y, otras veces, nos adaptamos al entorno, pues los ritmos y la presión laboral varían. Cuando necesitamos concentrarnos intensamente, el silencio personal se convierte en un aliado invaluable.

El silencio en la vida de una madre de familia

Como madre, he empleado el silencio de diversas maneras:

- Escucha activa, permitiendo que mis hijas expresen sus pensamientos sin interrupciones.

- Silencio reprobatorio, para indicar desaprobación.

- Silencio para evitar continuar una discusión.

- Silencio previo a la oración.

- Silencio en momentos de tristeza donde las
palabras sobran.

- Silencio reflexivo para pensar antes de actuar.

- El silencio en la percepción del mensaje transmitido.

El silencio es un componente fundamental de la
comunicación, capaz de transmitir mensajes por sí
mismo. En la radio, muchos escapan de su propio silencio y su soledad buscando compañía, información
y entretenimiento, lo que nos lleva a utilizarlo menos.

El silencio como herramienta para construir
confianza y empatía con la audiencia

Utilizado adecuadamente, el silencio puede fomentar confianza y empatía. Admitir que no se tienen todas las respuestas o que ciertos hechos son
aún desconocidos puede hacer que la audiencia se
sienta más comprendida. Sin embargo, en radio, el
silencio accidental puede generar desconfianza, especialmente si se debe a fallos técnicos. En entrevistas y situaciones cargadas de emoción, los silencios bien colocados pueden ser muy efectivos para
generar empatía.

El valor del silencio en un mundo saturado
de información

En una era de sobreinformación, el silencio nos permite reflexionar, ordenar ideas y estimular la creatividad. Sin espacios de silencio, corremos el riesgo de convertirnos en marionetas de aquellos que buscan influir en nosotros para vender ideas o productos impulsivamente

Hugo Tewes

El padre Hugo Tewes es misionero del Verbo Divino (SVD). Ingresó en la Congregación en 1961 en Alemania. Fue ordenado sacerdote en 1967. Fue destinado a la República Democrática del Congo, Zaire en aquel entonces, como misionero. En septiembre de 1969 llegó a la República Democrática del Congo. Durante todos esos años hasta la fecha, el padre Hugo Tewes ha trabajado en distintas parroquias en pueblos y ciudades, como párroco y vicario. También ha trabajado en la formación de jóvenes verbitas congoleños. También asumió la responsabilidad del liderazgo de la Congregación en Congo. Es conocido por su valentía, su disciplina y su compromiso en su trabajo misionero.

El equilibrio entre la comunicación verbal
y el silencio en la vida misionera

El silencio es crucial para concentrarse antes de transmitir un mensaje, como una homilía, o para encontrar soluciones a los problemas planteados por la comunidad. En la comunicación, el silencio y las palabras deben complementarse; toda comunicación verbal efectiva debe ser el fruto del silencio y de una profunda reflexión.

El silencio en la vida interior de un misionero

La vida de un religioso exige una práctica de oración bien desarrollada, que puede ser tanto comunitaria como personal e interior. Jesús mismo, aunque participaba en oraciones comunitarias y enseñaba públicamente, frecuentemente se retiraba en privado para orar en silencio y comunicarse con su Padre, como durante sus 40 días en el desierto.

Silencio para escuchar a los fieles

En el diálogo parroquial, opto por mantenerme en silencio para permitir que los fieles expresen libremente sus pensamientos sin interrupciones, respetando así sus ideas y contribuciones. Este enfoque sinodal, promovido por el papa Francisco, enfatiza la libertad de expresión dentro de la Iglesia. Además, nuestras Constituciones requieren que cada cohermano realice un retiro de cinco días al año en completo silencio, una práctica que fue temporalmente descuidada después del Concilio Vaticano II, pero que hemos revitalizado en años recientes.

Silencio entre la juventud africana y congoleña de hoy

En mi experiencia misionera en el Congo, he observado que la cultura del silencio no es tan prevalente, especialmente entre los jóvenes. Muchos llevan auriculares constantemente, incluso en la iglesia o en reuniones, usando la música como un medio para escapar del silencio. Esta tendencia refleja un cambio cultural que presenta desafíos en la promoción del valor del silencio entre las nuevas generaciones.

Silencio en el liderazgo y la toma de decisiones

En el liderazgo, las decisiones importantes requieren de una reflexión personal profunda. Hay un refrán que aconseja: «Consúltalo con la almohada». En lugar de responder de inmediato a un problema, a menudo es más prudente reflexionar durante la noche y dar una respuesta al día siguiente. Además, cuando alguien emite un comentario desagradable o incluso ofensivo, el silencio puede ser una respuesta muy significativa y reveladora, demostrando madurez y control emocional.

Silencio en la liturgia

La práctica del silencio en la liturgia está perdiendo presencia en la Iglesia católica. Aunque se sugiere «guardar un momento de silencio para reflexionar» durante la misa, estos momentos son a menudo breves. En la parroquia de Notre Dame d'Afrique, logré que el coro y los instrumentistas guardaran silencio mientras los fieles recibían el Cuerpo de Cristo, pero en mi nueva parroquia aún estoy trabajando para implementar esta norma. Mis cohermanos congoleños argumentan que a la gente le gusta el constante sonido, lo que refleja diferencias culturales en la apreciación del silencio.

Silencio en la etapa de formación y más allá

En nuestros seminarios, seguimos valorando el silencio, especialmente en las tardes, para favorecer el estudio, la oración y el descanso necesarios. En las comunidades dedicadas al trabajo pastoral u otras actividades, el ambiente puede ser diferente, pero generalmente se promueve el silencio después de las 21 horas para no interrumpir el descanso de los demás.

El silencio también puede tener consecuencias negativas si no se gestiona adecuadamente. En relaciones comunitarias, familiares o de amistad, la falta de comunicación puede ser destructiva. Durante mi tiempo en la selva de Kimbau, los momentos de silencio prolongado alrededor del fuego nocturno eran interpretados por algunos como un momento divino, refiriéndose a este como «Nzambi ke luta» (Dios está de paso), evocando un pasaje bíblico que destaca la presencia de lo sagrado en el silencio.

Anthony Amissah Borkey, «Tony»

Tony es misionero del Verbo Divino. Ingresó en la Congregación en Ghana en 1989. Fue ordenado sacerdote en 1996. Fue destinado como misionero en Kenia. Ha trabajado sucesivamente en parroquias, en la educación y en la formación de los jóvenes. Asumió también el cargo de liderazgo en la Congregación en Kenia-Tanzania. Hizo estudios de doctorado en Counselling. Actualmente es Decano de Estudiantes en el Tangaza University College de Nairobi (Kenia).

El silencio en el liderazgo y el *counselling*.

Silencio como herramienta en el liderazgo

En la vida de Jesús, se observa que frecuentemente se retiraba a lugares tranquilos para orar en silencio, un aspecto fundamental de su comunicación con Dios Padre. Inspirado por este modelo, en mi rol como Superior Provincial de la Congregación en Kenia-Tanzania, he encontrado en el silencio una herramienta poderosa para conectar con Dios y reflexionar sobre mi liderazgo. Este tiempo de silencio me ha permitido escuchar efectivamente a los miembros de la Congregación, desarrollar planes innovadores para nuestra provincia y manejar comportamientos inapropiados dentro de la comunidad. Además, el silencio ha sido crucial en mi propia vida de oración, fortaleciendo mi compromiso espiritual y mi capacidad para liderar.

Silencio para resolver conflictos

El silencio no solo me ha servido para la introspección y la comunicación con Dios, sino también como un medio disuasorio ante comportamientos no deseados entre los hermanos. En ocasiones, después de múltiples conversaciones con un hermano que persiste en una conducta inadecuada, opto por el silencio, lo cual puede provocar una reflexión y un cambio en el hermano, ya que la incertidumbre sobre mis acciones futuras puede ser un catalizador para la modificación de comportamientos. Este enfoque ha demostrado ser efectivo no solo en el contexto de la Congregación sino también en las parroquias donde he servido, donde el silencio ha permitido a la comunidad cristiana percibir mi desaprobación ante ciertas situaciones problemáticas que he discutido anteriormente.

Uso del silencio de palabras

Mantener un equilibrio entre el silencio y la comunicación verbal es fundamental. No todos pueden comprender la profundidad del silencio sin una guía verbal. En la liturgia, por ejemplo, utilizo momentos de silencio durante las homilías para captar la atención de los congregantes. Este silencio intencionado, después de haber expresado un mensaje verbalmente, puede resonar más profundamente que las palabras mismas, especialmente cuando las respuestas verbales son escasas. El silencio, en este contexto, actúa como un potente medio de comunicación que puede hablar más fuerte que las palabras.

Nicole Ndongala

Nicole trabaja en el mundo de la inmigración y es directora general de la Asociación Karibu en Madrid. Karibu es una asociación sin fines de lucro que trabaja principalmente para cubrir las necesidades de los inmigrantes y refugiados más desprotegidos del África subsahariana, y facilitar su integración. Nicole es también miembro del Comité Asesor de la Casa de África y coordinadora de Empoderamiento de la Mujer Africana de la Fundación Symmetry, en los proyectos europeos After y We Created the Future 20/24. Tiene un máster en Dirección de Entidades sin Ánimo de Lucro y en Gestión de la Inmigración.

Silencio comunicativo para fortalecer el trabajo en equipo

Para Nicole, el silencio comunicativo es un elemento esencial para fortalecer la cohesión y la efectividad de los equipos de trabajo dentro de la asociación Karibu. Este tipo de silencio ayuda a clarificar situaciones diversas, brindando la oportunidad de reflexionar tanto individual como colectivamente sobre los objetivos, los problemas y las estrategias de trabajo. Esto, a su vez, favorece la toma de decisiones más meditadas y consensuadas.

El silencio se ha convertido en una herramienta fundamental para el trabajo en equipo. Contribuye a crear un ambiente de calma y concentración que facilita la comunicación efectiva entre los miembros del equipo, promoviendo la escucha activa y la empatía. Estas cualidades fortalecen la confianza y el respeto mutuo. Además, el silencio es útil para gestionar conflictos internos, ya que permite reducir la tensión emocional y abrir un espacio para la reflexión y el diálogo constructivo.

El silencio como parte esencial del diálogo y la toma de decisiones en la asociación

El silencio es también crucial en la interacción con las personas a las que atiende la Asociación Karibu. Utilizado de manera consciente y respetuosa, ayuda a estrechar lazos de cohesión social con los beneficiarios, quienes provienen de contextos culturales diversos en África.

La práctica de la escucha activa es un pilar fundamental en Karibu. Tanto los profesionales como los voluntarios están profundamente comprometidos con respetar los espacios personales y la intimidad de quienes atienden, reconociendo la diversidad cultural, que varía de un país a otro y de una tribu a otra. Esta sensibilidad cultural es crucial para el reconocimiento de los factores sociales y culturales que influyen en la vida de los beneficiarios.

Como base de los principios organizativos de la asociación, se promueve una escucha empática y comprensiva, evitando interrumpir constantemente con ideas propias. Esto permite crear un entorno de comunicación más receptivo y respetuoso, facilitando un diálogo verdadero y efectivo.

Poder del silencio en Karibu: transformación y cohesión

En Karibu, hemos descubierto que el silencio y la escucha activa pueden cambiar radicalmente la vida de las personas, mejorando significativamente la calidad de las conversaciones y la toma de decisiones. Valoramos y mantenemos espacios seguros en nuestras oficinas donde se trabaja en silencio, libre de distracciones externas, para fomentar la concentración y la reflexión. Esto permite considerar y valorar las opiniones de otros, facilitando el consenso y la colaboración en equipo.

Uso estratégico del silencio para resolver conflictos y construir relaciones sólidas

El uso estratégico del silencio en Karibu ha demostrado tener un impacto positivo en la resolución de conflictos y en la construcción de relaciones sólidas tanto con colaboradores como con las comunidades que servimos. El silencio permite a las partes en conflicto reflexionar sobre sus diferencias, emocionas y pensamientos, ayudando a prevenir escaladas de confrontación. Al evitar responder de inmediato a comentarios provocativos o agresivos, se reduce la posibilidad de reacciones impulsivas que podrían agravar los problemas.

Creemos que el silencio también es una muestra de empatía y escucha activa. Permitir que la otra persona se exprese sin interrupciones crea oportunidades para una comunicación más profunda y significativa. En el contexto de Karibu, donde interactuamos con comunidades de diversas culturas y contextos, el silencio estratégico transmite respeto, paciencia y consideración por las necesidades y las opiniones de los demás. Esto fortalece la confianza y el compromiso, y promueve un ambiente de colaboración y comprensión mutua.

Somos un equipo que acompaña a individuos en situaciones de soledad y desapego. A menudo, las relaciones que se forman entre los usuarios de la asociación no requieren de comunicación verbal, emergen de una profunda consideración y un reconocimiento de la diversidad.

Personalmente, he experimentado cómo el silencio puede abrirse paso entre las palabras, a veces de forma consciente y otras veces sin que nos demos cuenta. Cada silencio cuenta una historia y tiene un efecto en quien lo recibe, demostrando que a veces se encuentra más sabiduría en escuchar que en hablar, como refleja el proverbio afri-

cano: «Las palabras ásperas hieren más que una fle-
cha envenenada».

Silencio para comprender mejor las necesidades y preocupaciones de los beneficiarios

El silencio es una herramienta crucial para escuchar y comprender mejor a las personas que acuden a la Asociación Karibu buscando apoyo, especialmente cuando no son capaces de articular sus
experiencias traumáticas. A menudo, estas experiencias han generado bloqueos emocionales profundos que los beneficiarios prefieren no recordar.

En Karibu, estamos siempre presentes para acompañar a nuestros beneficiarios, proporcionando momentos de silencio que les permiten expresarse con
tranquilidad y sin interrupciones. Estos momentos
de serenidad fomentan la confianza, permitiendo
que los beneficiarios verbalicen sus situaciones cargadas de desafíos. Ofreciendo este espacio empático
y comprensivo sin presiones, brindamos a las personas la oportunidad de compartir sus sentimientos
de manera más profunda y sincera.

Estos momentos son cruciales para nosotros como entidad experta en migración, ya que nos permiten detectar emociones subyacentes y ayudar a
identificar las verdaderas necesidades de nuestros
beneficiarios. Escuchando atentamente durante
los momentos de silencio, podemos captar señales
no verbales que nos ayudan a entender mejor la si-

tuación en su conjunto y determinar cómo responder de manera efectiva.

El silencio comunicativo para guiar y motivar
a nuestro equipo hacia el logro de los objetivos

Desde mi experiencia personal, he encontrado que el silencio comunicativo es una estrategia efectiva en liderazgo y toma de decisiones:

Durante momentos de conflicto o de tensión, el silencio puede utilizarse para calmar las emociones, permitiendo que la comunicación se restablezca de manera más efectiva. Al dar espacio para la reflexión, los miembros del equipo pueden pensar con mayor claridad y ser más receptivos a escuchar diferentes puntos de vista.

En la toma de decisiones importantes, el silencio es una herramienta valiosa para fomentar la reflexión y la introspección, evitando decisiones apresuradas. Al promover la pausa y el pensamiento crítico, se pueden tomar decisiones más informadas y acertadas.

Para motivar al equipo, el silencio puede ser utilizado para generar expectativas y crear un ambiente de anticipación y misterio. Usar el silencio estratégicamente puede captar la atención y aumentar el impacto del mensaje que queremos transmitir.

En conjunto, estos enfoques refuerzan cómo el silencio, cuando se emplea de manera estratégica, no solo mejora nuestra capacidad de comunicación interna y externa, sino que también fortalece nuestra eficacia organizacional y nuestra respuesta a las necesidades de aquellos a quienes servimos.

Alex Brague

Alex tiene 20 años y es estudiante de Ciencias Políticas en Montreal, Canadá.

¡Mi Silencio, Nuestro Silencio!

Debo confesar que el silencio es un concepto que nos resulta complejo a nosotros, los jóvenes. Por un lado, es algo común, especialmente durante la adolescencia, relacionado con la búsqueda de nuestra intimidad. Esto a menudo afecta a la comunicación, particularmente con nuestros padres. Por otro lado, en un mundo donde el teléfono se ha convertido en un compañero diario, el silencio nos resulta difícil. Nos pasamos horas navegando en internet o en redes sociales, ya sea por entretenimiento o por interacción virtual. El uso de dispositivos móviles llena la mayor parte de nuestro tiempo. En promedio, podemos llegar a revisar nuestros celulares unas 150 veces al día. El teléfono es también un escape para evitar enfrentarnos a la soledad o al aburrimiento. Sin embargo, he aprendido el valor del silencio en mi familia y, como joven, lo utilizo como una herramienta para concentrarme, reflexionar sobre mí mismo y relajarme completamente.

El silencio en la conversación cotidiana

En un mundo que juzga rápidamente basándose en palabras, gestos e ideas, muchos jóvenes, incluyéndome, optamos por el silencio en espacios diversos para evitar juicios erróneos. Además, el silencio en público a menudo surge por miedo y vergüenza de cometer errores al hablar. Aunque este silencio puede resultar incómodo entre amigos, quienes pueden interpretarlo como timidez o introversión, en mi círculo más cercano, el silencio me permite escuchar mejor y entender más profundamente las conversaciones y la realidad.

Silencio para la creatividad y la imaginación

El silencio es un catalizador para la creatividad y la imaginación. Desde mi niñez, he observado los beneficios del silencio, especialmente en mis estudios. Prefiero estudiar en lugares tranquilos y suelo desconectar completamente, apagando el teléfono o poniéndolo en modo avión. Mis estudios exigen silencio para fomentar la imaginación y la creatividad. Aunque vivir en una gran ciudad implica estar rodeado de ruido, siempre busco momentos y espacios de silencio que me permitan reflexionar.

Silencio en la vida de oración

Aprendí el valor del silencio en la oración desde mi familia y en la parroquia. Nos enseñaron que el silencio mejora la comunicación con Dios. Aunque no es común entre los jóvenes de mi edad, voy a misa y realizo oraciones personales cuando puedo. Creo firmemente en el poder del silencio durante la oración, ya que nos permite conectar con Dios y escuchar su palabra.

Arlene Cariaga Bueno

Arlene es maestra y madre de familia. Es socia laica de SVD en Tagatay, Filipinas.

Para contribuir a este libro sobre el silencio como lenguaje y como forma de comunicación, me gustaría compartir mis reflexiones, fruto del diálogo con el silencio mismo, de mi separación de las redes sociales durante momentos significativos de la Semana Santa y el Triduo Pascual, y de estar en quietud en la presencia de Dios durante varias semanas en mi espacio sagrado.

El lugar y la importancia que dan los filipinos al silencio

A la luz de algunas de mis experiencias significativas como filipina, el silencio se ha convertido para mí en un signo o un gesto que marca un punto de inflexión en la vida, la formación y las relaciones de una persona. El silencio es importante porque transmite la conciencia del aquí y ahora, la conciencia de avanzar o de permanecer en la misma condición durante un tiempo determinado, y la respuesta consciente a lo que ofrece el momento presente a través de los pensamientos, las acciones y el diálogo con uno mismo, la vida y el entorno, incluyendo a las personas significativas.

Por lo general, antes de tomar una decisión, las personas mayores en Filipinas hacen una pausa consciente y sin palabras, y se lo piensan deliberadamente más de dos veces antes de dar otro paso importante. Los filipinos sabios, conscientes y receptivos suelen optar por desvincularse de las actividades rutinarias habituales, entrar en comunión con la naturaleza, alejarse de una ciudad ruidosa y guardar silencio para descubrir más de lo que hay en lo más profundo de uno mismo y consultar a mentores, entrenadores, formadores o directores espirituales. Cuando una relación plantea dificultades, el silencio da la oportunidad de pensar y replantearse la situación actual, aceptar lo que es real, avanzar hacia un futuro mejor, aprender de las experiencias pasadas y crecer en distintos aspectos.

En Filipinas, el silencio se percibe como un mensaje o una señal de que algo está ocurriendo en el interior de una persona o de que se va a producir una transición en la comunidad o en la nación. Cuando un filipino, que normalmente es muy expresivo con sus sentimientos, miedos, esperanzas y sueños, deja intencionadamente de revelar sus pensamientos y planes, el silencio significa que está a punto de tomar una decisión importante. Además, el silencio se experimenta como «tiempo para mí», una forma de volver a conectar con uno mismo y recargarse, especialmente después de una situación estresante.

En algunos momentos difíciles, algunas personas también entienden el silencio como un gesto o una reacción ante una experiencia traumática y un repliegue para aceptar la realidad o una acción deliberada que permite procesar las emociones que conducen a la transformación. Mientras que muchos filipinos consideran el silencio como ausencia de ruido, un número significativo de los que han estado practicando la meditación de atención plena y la oración contemplativa toman el silencio como un camino hacia la calma y la paz interior, la aptitud emocional, el descubrimiento de los propios dones y la vivencia de una forma de vida o espiritualidad específica.

El valor del silencio en la enseñanza de niños

Como educadores, formadores y acompañantes de los niños, enseñamos el valor del silencio proporcionando un verdadero testimonio y buenos ejemplos. Involucramos a los niños en momentos de atención y silencio antes de iniciar una actividad y hacemos breves pausas entre debates o sesiones para compartir. Mostramos a los niños qué significa el silencio para nosotros y les damos la oportunidad de observarnos mientras disfrutamos de estar en calma y vivir plenamente el momento presente.

Ayudamos a los niños a descubrir por sí mismos qué es realmente el silencio mediante estrategias adaptadas a su perfil y sus estilos de aprendizaje. Por ejemplo, realizamos movimientos conscientes en la escuela mientras caminamos con estudiantes kinestésicos y escuchamos música y *podcasts* con los alumnos auditivos. Utilizamos vídeos para enseñarles cómo el silencio les ayuda a crecer de manera holística y aportar alegría a los demás.

El silencio en la vida familiar

El silencio ejerce una gran influencia en la vida familiar, fomentando el respeto mutuo, un aprecio más profundo y un sentido de gratitud por la presencia de cada miembro de la familia. Promueve relaciones sanas y armoniosas que conducen a caminar juntos alegremente como una verdadera comunidad, donde la confianza plena permea todos los compromisos y las actividades familiares. El silencio también permite que todos los miembros de la familia se reencuentren consigo mismos y sean las mejores personas posibles en su convivencia.

El silencio tiene también un impacto significativo en la educación de los niños. Al descubrir y valorar el silencio como un medio para sincronizar mente, cuerpo y espíritu, se facilita la integración de la vida, la fe y la cultura, entre otros aspectos. Estos procesos y estrategias educativas se convierten en medios eficaces y relevantes para la formación integral de la cabeza, la mano y el corazón.

Innocent Givule Gaphita

Innocent es misionero del Verbo Divino. Es director médico del centro hospitalario Verbe Divin de Bandundu ville en la República Democrática del Congo, médico adjunto del hospital general de referencia de Bandundu ville, subdirector médico de la oficina médica diocesana BDOM Kenge y coordinador de BDOM Kenge nord.

Los beneficios del silencio
para la salud y la comunicación médica

Silencio para escuchar mejor al paciente

Como médico, el silencio es una parte integral de mi comunicación. Me permite concentrarme y escuchar verdaderamente al paciente. Escuchar activamente las quejas que motivan la consulta médica requiere silencio, lo cual prepara la mente para estar totalmente presente. Durante las consultas y al visitar las habitaciones de los pacientes, el silencio profundiza mi atención y fomenta la confianza entre el paciente y el equipo médico.

Siempre permito que el paciente hable sin interrupciones, usando el silencio para seguir atentamente cada palabra. Aunque permanezco en silencio, muestro atención a través de gestos afirmativos como asentir con la cabeza, indicando que comprendo lo que me están diciendo. A veces, rompo el silencio con una pregunta, pero siempre con el objetivo de dejar que el paciente exprese libremente sus preocupaciones. Esta práctica de escucha enfocada y respetuosa fortalece la confianza entre paciente y médico.

El silencio como herramienta terapéutica

Desde un punto de vista fisiológico, el silencio puede tener efectos terapéuticos significativos, reduciendo la secreción de hormonas que pueden agravar patologías. La adopción del silencio ayuda a disminuir los niveles de cortisol asociados al estrés y a atenuar la intensidad del dolor crónico exacerbado por el ruido. Además, el silencio contribuye a aliviar las manifestaciones cutáneas de la psoriasis y puede mejorar el ciclo depresivo, así como los trastornos respiratorios, sin contar que favorece una sensación general de bienestar.

Incluso en enfermedades como el tétanos, que requieren un entorno tranquilo, el menor ruido puede provocar contracciones severas en el paciente. Por ello, en casos como estos, un ambiente silencioso es esencial para el manejo efectivo de la condición.

Silencio profesional

El silencio profesional está intrínsecamente ligado al secreto médico, que es un principio ético y legal fundamental en la medicina. Se refiere a la obligación de mantener la confidencialidad sobre la información proporcionada por el paciente en el contexto de la relación médico-paciente. Esta obligación deriva del juramento hipocrático que hacemos antes de iniciar nuestra carrera profesional.

En mi país, como en muchos otros, existen códigos deontológicos que el cuerpo médico debe respetar, incluyendo médicos, enfermeros y personal de laboratorio. Se espera que todos mantengamos en secreto la información que poseemos sobre los pacientes. Estamos obligados a guardar este secreto sobre lo que sabemos en el ejercicio de nuestra profesión, en respeto a la confianza que una persona vulnerable, el paciente, ha depositado en nosotros. Como director médico del hospital Verbo Divino, es mi deber recordar continuamente al personal médico la importancia de este compromiso.

Beneficios del silencio

El silencio no solo es beneficioso para la confidencialidad profesional, sino también para la salud física y mental, ya que ofrece múltiples beneficios:

- Reduce la tensión arterial.
- Aumenta la concentración.

- Disminuye la ansiedad.

- Nutre y estimula el crecimiento cerebral.

- Reduce los niveles de cortisol.

- Estimula la creatividad.

- Alivia el insomnio.

El silencio también facilita una conexión más profunda con nuestras propias emociones. Dedicar momentos al silencio nos hace más conscientes de nuestro cuerpo y nuestra mente. Además, la profesión médica puede ser extremadamente estresante, por lo que es crucial que el personal sanitario encuentre tiempos de silencio para reconectar consigo mismo y escuchar su mente. Para poder cuidar adecuadamente de los pacientes, es esencial que mantengamos una buena salud física y mental. Como religioso, tengo la oportunidad de experimentar días de silencio durante los retiros mensuales y las jornadas de silencio en los ejercicios espirituales anuales, lo cual es enormemente beneficioso tanto para mi vida de oración como para mi salud mental.

Pedro Alfaro

Pedro Alfaro es violonchelista, compositor y fundador de la Orquesta y Coro JMJ (www.orquestaycorojmj. org) y de Musicalthinkers, iniciativa que aprovecha el poder transformador de la música para el desarrollo de la cultura de equipo en organizaciones (www.musicalthinkers.com).

El silencio en la música

El silencio es más un concepto o una búsqueda que algo que realmente se pueda experimentar físicamente de manera absoluta.

El compositor americano John Cage hizo un experimento en 1951: se metió en una cámara extremadamente insonorizada, llamada anecoica y, tras pasar un buen rato dentro, le preguntaron qué había oído. Se refirió a dos sonidos: uno de ellos correspondía al latido de su corazón y el correr de su sangre, y el otro a la actividad neuronal.

¿Quiere esto decir que el silencio no existe? Realmente solo prueba que no podemos experimentarlo de manera física en grado absoluto, pero esto no quiere decir que no exista.

Por tanto la mejor definición del silencio que se me ocurre es la representación de un estado de reposo, de paz o de ausencia de sonido intencional. En la música este estado de reposo es muy importante, tan importante o más que la producción de sonido. El silencio es por así decirlo ese bloque de piedra que los músicos cincelamos. Un músico que no sabe escuchar el silencio, o que no percibe ese estado de reposo necesario, no puede frasear adecuadamente. En mi condición de violonchelista el fraseo es muy importante y la referencia clave en el fraseo es el silencio o el contraste entre el sonido y el reposo.

El valor del silencio

Los silencios entre las notas son tan importantes como las notas mismas. Si no existieran esos momentos de reposo total o parcial el sonido resultaría mucho más monótono. Pablo Casals decía que cada nota tiene su propia vida, su inicio su cenit y su final, que puede estar más o menos ligado al surgir de la siguiente nota. El silencio marca ese principio y ese final.

Silencio y sonido

Al tocar o al producir música es muy importante comprender esos momentos que existen casi imperceptibles de transición entre el sonido y el silencio. Tanto en el ataque de una nota como en su extinción, lo que genera interés es esa transición entre la producción sonora y el estado de reposo. Hay una psicología del oyente, que hace que justamente su oído se enganche en esos momentos de reposo. Es como la intriga de una trama. El silencio nos lleva a querer saber que es lo que va a pasar.

En la música, de una manera inconsciente, el oyente también se siente atraído por esos momentos. De ahí que un buen intérprete es aquel que, entre otras muchas cosas, sabe jugar con las distintas intensidades de silencio, de ataque sonoro y de vuelta al reposo.

Música silenciosa

La música nunca es silenciosa, o siempre lo es según se mire. Independientemente de que cuente con texto o no. Otra cosa es que de manera poética podamos considerar que hay espacios con una música silenciosa, escenas que nos llevan a ese espacio de reposo y armonía. Por poner un ejemplo: un convento en silencio, un claustro.

El silencio impregna la música siempre que el intérprete o el músico sea capaz de impregnarse de un estado de reposo o de paz. Como decía antes, es precisamente en el fraseo donde se nota esa presencia del silencio en la interpretación musical y la relación del intérprete con el silencio es clave.

El silencio: creando emoción y tensión en la música

El autor, al crear música, puede tener la intención de poner en valor algunos silencios más importantes. Existen algunas obras en las cuales uno no puede distinguir a veces si realmente ha terminado la música o no porque se produce una transición al silencio tan progresiva y lenta que solo la referencia visual nos hace entender que la pieza ha acabado.

Existen momentos de silencio tenso, porque hay silencios que gritan. Existen momentos también de silencio emotivo. Existen momentos de silencio trágico. Y existen momentos de silencio cómico.

Todo depende del contexto, de lo que antecede a ese momento de silencio y de su resolución. En todo caso el músico siempre debe dominar tanto el sonido como el silencio, es decir, tener tan presente su capacidad para crear un sonido adecuado como para crear un silencio adecuado.

Silencio como herramienta: contraste y tensión en la composición musical

Todo depende del mensaje que el compositor quiera transmitir. Sería lo mismo que preguntar cómo utilizan los compositores las notas para crear contraste y tensión en una obra. Existen infinidad de recursos tanto para crear contraste, como para crear tensión, generar momentos de paz o incluso de contemplación. Lo que sí es curioso es que existen muchas notaciones para expresar los sonidos, su tono y sus cualidades, pero muy pocas para expresar los silencios, que tienen la misma importancia.

Silencio rítmico

Todo golpe rítmico desemboca en un silencio. Incluso en las canciones más rítmicas actuales, se nota mucho cuando una batería es más estruendosa o cuando es más concisa con momentos de silencio que permiten al oído a descansar aunque sea brevemente.

Existe otra función del silencio para marcar el ritmo de una obra, como son las pausas que hay entre los movimientos de una sonata, de una suite o de una sinfonía, por mencionar algunas formas musicales clásicas. En estas pausas se suele recomendar no aplaudir porque también marcan el ritmo de la obra. Esas transiciones entre movimientos pueden ser más o menos alargadas y significativas, y son muy importantes.

El silencio en la música: manipulando la percepción del tiempo y el espacio

En la interpretación musical el tiempo en efecto es muy relativo. Y es verdad que la manera en que se administra el silencio puede ayudar a que, por ejemplo, una interpretación más rápida se perciba como más lenta o al revés.

Una interpretación que utiliza adecuadamente el silencio de alguna manera se nos hace corta porque es capaz de atraer nuestro oído con el arte del juego con el silencio, o lo que es lo mismo: un buen fraseo. Una interpretación que, por el contrario, no deja espacios de silencio se nos puede hacer psicológicamente larga a pesar de que se toque más rápido. En cuanto a la sensación espacial, curiosamente también un sonido que reverbera y que tarda más en llegar al silencio nos lleva a espacios de mayor reposo como podría ser una iglesia.

Silencio en la música:
interpretaciones culturales y estilísticas

Cada estilo, cada cultura e incluso cada manera de interpretar puede jugar de una manera distinta con el silencio. Personalmente creo que lo importante es el equilibrio y la intención que hay detrás tanto del ataque en el sonido como de la vuelta al silencio. El canto gregoriano hace un uso muy distinto del silencio al del flamenco, por poner un ejemplo.

En todo caso si bien decía al principio que no existe la posibilidad de experimentar el silencio de manera absoluta, el silencio siempre está presente de alguna manera.

La música se puede entender como sonidos que surcan el silencio o como silencios que surcan el sonido.

La primera visión es la más común. La segunda para mí es la más interesante.

El silencio en definitiva es lo que queda cuando todo termina. En él se desvelan quizá armonías desconocidas que nos hablan de la belleza a la que estamos llamados, que van más allá de nuestra capacidad física de escuchar. Cuando una obra es bella es en el silencio final en la que saboreamos la belleza vivida. ¿Acaso no será así en la propia vida cuando experimentemos el verdadero silencio o la verdadera armonía a la que estamos llamados?

Conclusión

Cuando decidí escribir sobre el «Silencio» en la comunicación, tenía muchas dudas. La primera era si yo era la persona adecuada para abordar este tema. Como dicen, hay que predicar con el ejemplo. Tras un período de reflexión en silencio, me dije a mí mismo que el silencio, entendido como ese silencio positivo que comunica algo, nunca me ha molestado. Al contrario, me acompaña ocasionalmente en ciertas etapas de mi vida. Además, la experiencia de muchas personas que he conocido, como mi padre, que son ejemplos del buen uso del silencio, me motivó aún más a hablar sobre él.

Lejos de pretender haber presentado nuevas teorías sobre el silencio en la comunicación, reconozco que he aprendido muchas lecciones mientras redactaba este libro y esto es lo que me gustaría resaltar en estas conclusiones:

Primero: el verdadero silencio es interior. Andrés es una persona inquieta que, a pesar de estar rodeado de tranquilidad en la biblioteca, no logra concentrarse en su tesina de máster. No es la falta de ideas, sino su incapacidad para centrarse y reflexionar. Aunque el acompañamiento psicológico podría ayudar, el problema principal es su mente ruidosa. El secreto de los grandes místicos ha sido el silencio interior, el paso del parloteo a la calma mental. Este silencio interior es esencial para controlar nuestros pensamientos y protegernos de nuestra propia verbosidad.

Segundo: si quieres ser un comunicador eficiente, aprende del silencio. Admito que los grandes comunicadores que he conocido son aquellos que manejan hábilmente el don del silencio. Es una virtud humana y una herramienta estratégica en la comunicación. Trabajar con estas personas y aprender de ellas me ha enseñado a valorar el silencio en mi vida y en mi profesión de comunicador. El silencio no solo es un santuario, sino también un arma formidable y una de las claves del carisma.

Tercero: si no quieres cometer errores al hablar, aprende del silencio. He descubierto que es posible evitar muchos malentendidos y conflictos que surgen por nuestras palabras si guardamos un breve momento de silencio antes de hablar. Este tiempo permite pensar, discernir y reflexionar. Como bien señalaba Blaise Pascal: «toda la desgracia de los hombres proviene de una sola cosa, que es no saber guardar silencio antes de hablar». El silencio es necesario para hablar adecuadamente porque permite pensar antes de hablar, introducir pausas en un discurso, ofrecer oportunidades para que el interlocutor se exprese y fomentar una escucha activa.

Además, debido a su profesión, algunas personas están sujetas al secreto profesional. Este secreto no sería posible sin el uso del silencio, que implica negarse a hablar por razones deontológicas y éticas. El silencio es también un bien en términos de uso y presencia en plataformas de comunicación en la era digital. Es mejor callar para que, cuando llegue el momento de expresarse, te escuchen mejor. Asimismo, es preferible callar antes que arriesgarse a un error en la comunicación y crear o alimentar polémicas.

Cuarto: el silencio también puede hacer ruido. El silencio proyecta una impresión de poder cuando se utiliza adecuadamente y en el momento correcto. Puede causar inquietud en los insensatos. Pilato temía el silencio de Jesús, como se refleja en su sorpresa cuando Jesús no responde a las acusaciones en su contra (Mt 27,13-14). Las personas influyentes e inteligentes impresionan y atemorizan hablando menos. Cuanto más hablas, más probabilidades tienes de parecer un tonto, como dice el refrán. La persona que guarda silencio, cuando habla, lo hace con palabras que tienen más significado y peso, generalmente fruto de reflexión y discernimiento. Quien calla con frecuencia, escucha y observa mejor, lo que le permite analizar lo que se dice y leer el lenguaje corporal de los demás. Así, comprendiendo a los demás, sus palabras e intenciones, se adquiere poder sobre la situación, no en términos de dominio autoritario, sino de control sobre el lenguaje y la situación.

Por otro lado, cuando es difícil interpretar el silencio, este puede generar confusión. Interpretar un silencio no es sencillo, especialmente cuando se espera que se diga o se comunique algo. Quizá este sea el aspecto negativo del silencio, pero se trata de un silencio en minúscula, un silencio que no dice nada y es negativo. El silencio positivo, en cambio, siempre comunica algo. Aunque pueda ser difícil de interpretar, nos habla. Podemos llegar a entenderlo cuando sintonizamos con la persona, cuando estamos en el mismo escenario comunicativo o tenemos conocimiento de lo que provoca.

Quinto: el silencio es una escuela, se aprende. Una vez que conoces el mundo del silencio y sus virtudes, mejorarás en la comunicación, el habla, la socialización, la conversación y la escucha. El silencio es una escuela, al igual que el hablar, y también es una forma de comunicación.

Tanto la palabra como el silencio son parte integral de la comunicación humana. Por lo tanto, al igual que cuidamos nuestras palabras, también debemos cuidar nuestro silencio para comunicar con eficacia.

Todo tiene su momento, y cada cosa su tiempo bajo el cielo [...] su tiempo para callar, y su tiempo para hablar [...] (Ecl 3,1.7).

¿Cuál es mi experiencia de silencio comunicativo?

_____

_____

_____

_____

_____

_____

_____

_____

_____

_____

_____

_____

_____

_____

_____

_____

_____

_____

_____

_____

_____

_____

_____

_____

_____

_____

_____

Bibliografía

Abadi, M. N. *Observaciones sobre el silencio y la palabra*. Buenos Aires: Torres Agüero Editor, 1985.

Alegre Vilas, J. *El silencio y la palabra, senderos de Navidad. Meditaciones para Adviento y Navidad.* Madrid: PPC, 2022.

Alt, J. *Arnold Janssen reader. Guidance in challenging times.* Siegburg: Franz Schmitt Verlag, 2017.

Arnau, J. «Lenguaje y silencio en las tradiciones budistas». En S. Montero – M.ª C. Cardete del Olmo (eds). *'Ilu. Revista de Ciencias de las Religiones*, 85-105. Anejo XIX. Madrid: Ediciones Complutense, 2007.

Barrier, G. *La communication non verbale. Comprendre les gestes: perception et signification.* Issy-les-Moulineaux: ESF, 2008.

Benedicto XVI. Mensaje para la XLVI Jornada Mundial de las comunicaciones sociales: «Silencio y Palabra: camino de evangelización», 2012.

—. *Audiencia general: Oración y silencio: Jesús maestro de oración*, 7 de marzo de 2012.

Benoît, A. «L'Esprit Saint, maître de silence». *Nouvelle revue théologique* 133/4 (2011) 584-600.

Bermejo Higuera, J. C. *Escuchar el silencio*. PDF, 2005 [https://www.josecarlosbermejo.es/escuchar-el-silencio/].

Bravo, P. *¡Silencio! Manifiesto contra el ruido, la inquietud y la prisa*. Madrid: Debate, 2024.

Breton, P. – D. Le Breton. *Le silence et la parole contre les excès de la communication*. Toulouse – Strasbourg: Érès éditions – Arcanes, 2017.

Broncano, F. «La producción cultural del tacto», en el blog *El laberinto de la identidad» Reflexiones en las fronteras de la cultura y la ciencia, la filosofía y la literatura, la melancolía y la esperanza*, 2022 [http://laberintodelaidentidad.blogspot.com/2022/04/la-produccion-cultural-del-tacto.html#:~:text=-Si%20la%20construcción%20de%20la,lo%20objetivo%20y%20lo%20subjetivo].

Bruneau Thomas, J. – F. Achaz. «Le silence dans la communication». *Communication et langages* 20 (1973) 5-14.

Catecismo de la Iglesia Católica. Versión online [https://www.vatican.va/archive/catechism_sp/index_sp.html].

Cesteros, A. M. *Comunicación no verbal y enseñanza de lenguas extranjeras*. Madrid: Arco Libros – La Muralla, 1999.

Chelhod, J. «Les attitudes et les gestes de la prière rituelle dans l'Islam». *Revue de l'histoire des religions* 156/2 (1959) 161-188.

Código de Derecho Canónico. Versión online [https://www.vatican.va/archive/cod-iuris-canonici/cic_index_sp.html].

Corbin, A. *Histoire du silence. De la Renaissance à nos jours*. Paris: Albin Michel, 2016.

Desthieux, P. *Le silence dans la célébration de l'Eucharistie. Une étude et une analyse des documents liturgiques d'après le concile Vatican II*. Tesis presentada en las Facultades de Teología de la Université catholique de Louvain [Bélgica] y de la Université de Fribourg [Suiza], 2014.

Dinouart, Abbé. *L'art de se taire, principalement en matière de religion*. Paris: G. Desprez, 1771.

Fischer, S. «Silence and silencing in the book of job». *Usuteaduslik Ajakiri* 77 (2020) 67-93 [https://usuteadus.ee/wp-content/uploads/2020_1%20(77. /UA-2020_1_Fischer.pdf?_t=1617208043].

Flores Olague, R. G. «El silencio: recinto de lo sagrado en tres religiones orientales». *RAPHISA* 6/1 (2022) 7-31 [doi: 10.24310/Raphisa. 2022. v7i1.14552].

Francisco. *Fratelli Tutti. Sobre la fraternidad y la amistad social*, 48.

—. Mensaje para la 56.ª Jornada Mundial de las Comunicaciones Sociales: «Escuchar con los oídos del corazón», 24 de enero de 2022.

—. Mensaje para la 58.ª Jornada Mundial de las Comunicaciones Sociales: «Inteligencia artificial y sabiduría del corazón: para una comunicación plenamente humana», 24 de enero de 2024.

Frioux, D. «L'assaut contre le silence». *Études* 7 (2017, julio-agosto) 49-50.

Gagliano, K. *El arte del silencio. Cuando el consuelo habla sin palabras.* Autoeditado, 2024.

Goulart, R. *El Silencio que Habla: Cómo desarrollar la escucha activa y mejorar la comunicación.* Autoeditado, 2024.

Gracián, B. *El arte de la prudencia.* Kindle [https://www.textos.info/baltasar-gracian/el-arte-de-la-prudencia/descargar-kindle].

Grijelmo, Á. *La información del silencio.* Madrid: Taurus, 2012.

Hilaire, C. St. *27 técnicas de persuasión. Estrategias para convencer y ganar aliados.* Barcelona: Conectal, 2011.

Inter Mirifica: *Sobre los medios de comunicación social,* 1963 [https://www.vatican.va/archive/hist_councils/ii_vatican_council/documents/vat-ii_decree_19631204_inter-mirifica_sp.html].

Jaimez, A. *El poder del silencio en la comunicación efectiva.* Autoeditado, 2023.

Juan Pablo II. *Carta Apostólica Rosarium Virginis Mariae*, 2002.

Le Breton, D. «Anthropologie du silence». *Théologiques* 7(2) (1999) 11-28 [https://doi.org/10.7202/005014ar].

—. *Sul silenzio. Fuggire dal rumore del mondo.* Milano: Raffaello Cortina Editore, 2018.

Lenoir, T. *Jésus, maître de communication.* Bière: Cabédita, 2015.

Magnangani, J.-D. *Le silence du vide ou le vide du silence.* Paris: Le Lys Bleu, 2021.

Marc, A. «Le silence». *Revue d'Ascétique et de Mystique* 26 (1950) 292.

Martín Martín, F. *Comunicación en empresas e instituciones: de la consultora a la dirección de comunicación.* Salamanca: Universidad de Salamanca, 1995.

Misal Romano. Edición para el altar. 3.ª ed. Madrid: Conferencia Episcopal Española, 2021.

Montero, S. – M.ª C. Cardete del Olmo (eds.). *Religión y silencio. El silencio en las religiones antiguas. 'Ilu. Revista de Ciencias de las Religiones.* Anejo XIX. Madrid: Ediciones Complutense, 2007.

Mora, E. de – C. Muñoz Carrera. «La comunicación silenciosa». *Capital humano: revista para la integración y desarrollo de los recursos humanos* Año 18/184 (2005) 60-63.

Moratiel, J. F. *Conversando desde el silencio*. 3.ª ed. Madrid: San Pablo, 1994.

Morinis, A. *Everyday Holiness. The Jewish Spiritual Path of Mussar*. Boston – London: Trumpeter, 2011 [versión online: https://books.google.com.ec/books?id=1yEL1YUaL1YC&printsec=copyright#v=onepage&q&f=false].

Nhat Hanh, T. *Silencio: El poder de la quietud en un mundo ruidoso*. Madrid: Urano, 2024.

Painadath, S. «La fuerza transformadora del silencio contemplativo». *Concilium, Revista Internacional de Teología* 363 (2015) 35-46.

Salomé, J. *Contes d'errances, contes d'espérance*. Paris: LGF, 2009.

Sarah, cardenal R. – N. Diat. *La fuerza del silencio. Frente a la dictadura del ruido*. 4.ª edición. Madrid: Palabra, 2017.

Saville-Troike, M. – D. Tannen (eds.). *Perspectives on Silence*. Westport: Praeger, 1985.

Sivananda, S. *Bliss Divine*. Shivanandanagar: Divine Life Society, 1974.

Smadja, M. «"De boca del Anciano", preguntas a Christophe Wondji». *El Correo de la Unesco* («El silencio». Año XLIX (1996) 10-13.

Taizé, hermano John de. «Sed de silencio. La experiencia de Taizé». *Concilium. Revista Internacional de Teología* 363 (2015) 83-93.

Tannier, K. *The Gift of Silence: Finding peace in a world full of noise.* London: Hodder & Stoughton, 2018.

Wennagel, F. «Le culte et la liturgie dans le protestantisme». Texto redactado en el marco de una formación de responsables de parroquias [https://www.protestants-cernay.org/wp-content/uploads/Le-culte-et-la-liturgie.pdf].

Wittgenstein, L. *Tractatus logico-philosophicus. Investigaciones filosóficas. Sobre la certeza.* Madrid: Gredos, 2009.